理响新征程

2022年内蒙古自治区理论宣讲大赛

优秀宣讲稿

内蒙古自治区党委讲师团　编

学习出版社

图书在版编目（CIP）数据

理响新征程：2022年内蒙古自治区理论宣讲大赛优秀宣讲稿 / 内蒙古自治区党委讲师团编. -- 北京：学习出版社，2023.2

ISBN 978-7-5147-1195-0

Ⅰ. ①理… Ⅱ. ①内… Ⅲ. ①社会主义建设—价值论—内蒙古—文集 Ⅳ. ①D616-53

中国版本图书馆CIP数据核字(2023)第017442号

理响新征程

LIXIANG XINZHENGCHENG

——2022年内蒙古自治区理论宣讲大赛优秀宣讲稿

内蒙古自治区党委讲师团　编

责任编辑：沈潇萌
技术编辑：刘　硕
装帧设计：美　威

出版发行：学习出版社
　　　　　北京市崇外大街11号新成文化大厦B座11层（100062）
　　　　　010-66063020　010-66061634　010-66061646
网　　址：http://www.xuexiph.cn
经　　销：新华书店
印　　刷：北京顶佳世纪印刷有限公司

开　　本：710毫米×1000毫米　1/16
印　　张：11
字　　数：104千字
版次印次：2023年2月第1版　2023年2月第1次印刷

书　　号：ISBN 978-7-5147-1195-0
定　　价：42.00元

如有印装错误请与本社联系调换，电话：010-67081356

出版说明

深入宣传宣讲习近平新时代中国特色社会主义思想，推动党的创新理论更加深入人心，是新时代党委讲师团的中心工作和根本任务。构建多维理论宣讲队伍，培养一批政治素质好、理论水平高、宣讲能力强的理论宣讲人才，是做好新时代理论宣讲的基础保障。

为进一步推动习近平新时代中国特色社会主义思想在内蒙古大地落地生根、开花结果，更好发挥理论宣讲统一思想、解疑释惑、凝神聚气作用，激励干部群众在新时代新征程上担当作为，内蒙古自治区党委讲师团举办了“理响新征程”2022年内蒙古自治区理论宣讲大赛。

大赛聚焦党的十八大以来，党和国家事业取得的历史性成就、发生的历史性变革，着重宣讲新时代党和人民奋进历程中形成的“五个必由之路”的宝贵经验，宣讲内蒙古各族干部群众牢记嘱托、奋力书写新时代高质量发展新篇章的生动实践，宣讲各民族交往交流交融、共同建设美好家园、共同创造美好生活的故事。

“理响新征程”理论宣讲大赛启动以来，内蒙古自治区直属机关工委、教育工委、国资委党委、总工会、团委、妇联以及12盟市委宣传部等部门和单位先后组织30余场内容丰富、形式多样的宣讲比赛，来自机关、高校、党校、企业等各条战线的近2000名理论宣讲员参赛。他们满怀自豪礼赞伟大时代，满怀热忱讴歌伟大人民，满怀自信讲述精彩故事；他们用“小故事”诠释“大道理”，用百姓话讲活新思想，用群众身边的事例生动展现新气象、新变化、新成就；他们把理论“融入”历史事件、典型事例、生活实践，用通俗易懂的语言讲好新时代的中国故事、内蒙古故事，展现故事背后的思想力量和精神力量，推动新时代党的创新理论“飞入寻常百姓家”。大赛经过初赛、复赛、决赛3个阶段，历时4个多月，8月下旬圆满落幕，各类直播及新媒体产品总浏览量达1100多万次，营造了学习新思想、奋进新征程、建功新时代的良好氛围。

为便于交流借鉴，我们从大赛宣讲稿中精选了27篇汇编成册，供广大理论宣讲员参考。

编　者

2022年10月

2022年内蒙古自治区理论宣讲大赛优秀宣讲稿

理响新征程

目 录

CONTENTS

宣讲新时代党和人民奋进历程中形成的“五个必由之路”的宝贵经验

宣讲党的十八大以来党和国家事业取得的历史性成就、发生的历史性变革

宣讲内蒙古各地牢记嘱托、奋力书写新时代高质量发展新篇章的生动实践

宣讲铸牢中华民族共同体意识的历史必然性、极端重要性、现实紧迫性和工作要求

宣讲新时代党和人民奋进历程中形成的“五个必由之路”的宝贵经验

振奋中国人的精气神
走好民族复兴新征程

◎ 张　琳

个人小传

张　琳　包头市委党校民族统战理论教研室讲师，荣获“理响新征程”2022年内蒙古自治区理论宣讲大赛三等奖、最佳人气奖。

还记得2021年9月25日吗？这一天，晚舟归航。经过1028天非法拘押，中国公民孟晚舟身着一袭红衣，哽咽地说："祖国，我回来了。"无数网友为之感动流泪，也看到了电子镣铐在她脚腕上留下的淤青。晚舟归航昭示着：任何镣铐都锁不住中国人民深沉爱国之心，任何打压都压不住中华民族伟大复兴之志，任何风雨都挡不住中国巨轮破浪前行之路。

当今中国，中华民族伟大复兴战略全局和世界百年未有之大变局叠加，形势环境变化之快、改革发展稳定任务之重、矛盾风险挑战之多都前所未有。新征程上，中国人该以怎样的精气神接续奋斗？习近平总书记勉励我们，要增强做中国人的志气、骨气、底气。谆谆话语情真意切，为我们指明了前进方向。

要用理想信念强民族复兴的志气

中国人的"志气"是什么？是一种心系人民、胸怀天下的理想信念，它熔铸在中华民族血液中，是"士不可以不弘毅，任重而道远"。

百年潮涌，一心追梦。毛泽东说："为有牺牲多壮志，敢教日月换新天。"邓小平说："我是中国人民的儿子，我深情地爱着我的祖国和人民！"习近平说："我将无我，不负人民。"正是心怀家国大爱，领袖们砥砺前行，团结带领党和人民书写了中华民族几千年历史上最恢宏的史诗。“向往你的向往，幸福你的幸福”。怀揣着这份报国之情、强国之志，哪怕牺牲最宝贵的生命都在所不惜。戍边卫士陈祥榕宁洒热血、不舍寸土，将年轻的生命永远定格在了 19 岁，他说：“清澈的爱，只为中国！”“天下兴亡，匹夫有责”。我们每个人的志气从来都与国家、民族的未来和荣光休戚与共、息息相关。

当危机来临，西方的神话是“诺亚方舟”，而我们的精神是“愚公移山”“精卫填海”；百年未有之大变局波诡云谲，但不变的是我们矢志不渝“走好自己路”“办好自己事”的志气。未来，更需要每个人用至坚的信念，走好第二个百年奋斗目标新的赶考之路。

阿拉善边境管理支队黑鹰山临时边境检查站青年突击队（牛鑫　章善玉　摄）

要用品格定力强民族复兴的骨气

中国人的“骨气”是什么？是一种刚强不屈、迎难而上的品格，是坚如磐石的定力，是敢于担当、善于斗争，是“富贵不能淫，贫贱不能移，威武不能屈”。

在白山黑水间，杨靖宇将军傲骨挺立。面对敌人高官厚禄的诱惑和大规模残忍剿杀，将军拼死抵抗。壮烈殉国时，胃里只有树皮、棉絮和草根！新中国百废待兴，身在美国的钱学森面对名利诱惑甚至死亡威胁不为所动。回国后陈赓大将问他：“中国人搞导弹行不行？”钱学森干脆地说：“中国人怎么不行，外国人能搞的，难道中国人不能搞？”日本人不会明白，本可以“锦衣玉食”的中国军人在坚守什么？美国人也不会明白，“前程似锦”的中国科学家在坚守什么？他们坚守的是作为中国人的骨气。

历史告诉我们，中华儿女从来没有被困难、威胁击垮过。在攸关民族存亡和国家发展的每个关键时刻，总有那么一群人迎难而上、以身许国，要为中国人争一口气。“中华民族伟大复兴，绝不是轻轻松松、敲锣打鼓就能实现的”，我们必须以稳健的定力走好“必由之路”，以强大的骨气用好“有利条件”，赢得主动、赢得历史、赢得未来。

要用自信实力强民族复兴的底气

中国人的底气，来源于团结、自信和实力，是奋楫笃行、勠力同心，是“山登绝顶我为峰”“乱云飞渡仍从容”。

一幅被刷屏热议的对比图让人记忆犹新。从 1901 年《辛丑条约》签订到 2021 年中美高层战略对话，同是辛丑年，今天的中国已不是百年前的中国。“你们没有资格在中国的面前说，你们从实力的地位出发同中国谈话。”“中国人不吃这一套。”这底气来源于中国 5000 多年绵延不绝中华文明的深厚底蕴，来源于全心全意为人民服务的百年大党坚强领导；来源于新中国成立以来不断积累的强大综合国力；来源于“中华民族

“青春心向党，建功新时代”主题团日活动（来源：内蒙古自治区团委）

一家亲”凝聚起的磅礴力量；来源于“请党放心、强国有我”的新时代青年；来源于无数个普普通通的你和我。你的样子，就是中国的样子！

“红日初升，其道大光。河出伏流，一泻汪洋。”“中国特色社会主义道路、理论、制度、文化焕发着强大生机活力，奇迹正在中华大地上不断涌现。”只要我们在坚定信念中长志气、在敢于斗争中强骨气、在实干担当中增底气，将理想融入国家事业，以奋斗追梦圆梦，就一定能够共同遇见一个更好的中国！

点评

宣讲围绕“增强做中国人的志气、骨气、底气”，从群众的兴趣点入手，引经据典、层层递进，既通俗易懂又有理有据，既有“意义”又有“意思”，首尾呼应，逻辑严谨。

扫码看视频

弘扬伟大奋斗精神
意气风发走向未来

◎ 张 琳

个人小传

张 琳 包头市委党校民族统战理论教研室讲师，荣获“理响新征程”2022年内蒙古自治区理论宣讲大赛三等奖、最佳人气奖。

我们经常说人要奋斗，为了什么而奋斗呢？习近平总书记指出："一百年来，我们取得的一切成就，是中国共产党人、中国人民、中华民族团结奋斗的结果。"号召我们弘扬伟大奋斗精神，答好"时代之问"、续写"百年答卷"。今天，我想用"四双手"的故事，和大家一同感悟伟大奋斗精神。

一、伟大奋斗精神，是英勇顽强、不怕牺牲的精神

第一双手，来自1950年的朝鲜战场。在这场各种条件极不对等的对决里，中国人民志愿军凭借着顽强的意志和必胜的决心，以"钢少气多"战胜"钢多气少"。大家想想这是怎样的"气"？这是中国人顽强斗争的志气、骨气和底气。而这双手，代表了革命先辈不怕牺牲的品格和"犯我中华者虽远必诛"的信念。这双手告诉我们："伟大奋斗精神，是英勇顽强、不怕牺牲的精神。"

二、伟大奋斗精神，是心系人民、甘于奉献的精神

第二双手，我们看不到了，因为它永远留在了长津湖战场上。它来自朱彦夫。战争夺去了他的四肢和左眼，却没有夺走他艰苦奋斗的精神。退伍后他不愿躺在功劳簿上让人照顾，而

是毅然回到家乡，成为一名村党支部书记。25年里，他拖着17斤重的假肢，克服艰难险阻让全村摘下了贫穷的帽子。党的十八大以来，在脱贫攻坚这场没有硝烟的战争中，正是因为有千百万名像朱彦夫这样的党员干部，带领广大人民群众，牢记“两个务必”，“逢山开道，遇水架桥”，才能为困扰了中华民族数千年的绝对贫困画上句号。这双手告诉我们：“伟大奋斗精神，是心系人民、甘于奉献的精神。”

“人民楷模”国家荣誉称号获得者朱彦夫（朱彦夫家人提供）

三、伟大奋斗精神，是薪火相传、接续进取的精神

第三双手，来自一位连续做了6小时核酸检测的年轻医生。在这场抗疫斗争中，既有像钟南山、张伯礼这样的“国之脊梁”冲

医务人员正在为呼和浩特市第一中学的学生进行核酸检测取样（内蒙古日报社记者王晓博 摄）

锋在前，也有“90后”“00后”的医务工作者无悔逆行。“哪里有什么白衣天使，不过是一群孩子换了一身衣服。”91岁高龄的退伍老兵，向年轻“大白”郑重地敬起军礼，而“大白”们说：“过去是你们保护了我们，今天换我们来保护你们！”赓续红色血脉的青年一代用实际行动证明了这一代人有担当、可信赖、堪大任！这双手告诉我们：“伟大奋斗精神，是薪火相传、接续进取的精神。”

四、伟大奋斗精神，是齐心协力、一往无前的精神

第四双手，是紧握在一起的团结奋斗之手。新中国成立

初期，在“包钢为全国，全国为包钢”的感召下，8万多人从祖国四面八方奔赴包头，在荒滩上筑起草原钢城，共同书写了“齐心协力建包钢”的历史佳话。如今的内蒙古，各族干部群众牢记嘱托、守望相助，心怀“国之大者”，筑牢“两个屏障”，“像石榴籽一样紧紧抱在一起”，携手并肩续写今朝辉煌。这双手告诉我们：“伟大奋斗精神，是齐心协力、一往无前的精神。”

包钢（集团）公司群马塑像（白立新　摄）

历史川流不息，精神代代相传。新时代新征程，一双双奋斗的手，如一支支高擎的火炬照亮前路。征途漫漫，惟有奋斗！让我们不断弘扬伟大奋斗精神，为实现中华民族伟大复兴勇毅前行！以实际行动迎接党的二十大胜利召开！

点评

宣讲巧妙地用“四双手”的故事阐释伟大奋斗精神的丰富内涵，以“小切口”反应“大主题”、“小故事”讲述“大道理”，既有细节把握，又有准确提炼，让党的创新理论“沾着泥土味、透着芬芳香”。

扫码看视频

以自信之名　铸平视之底气

◎ 魏　嘉

个人小传

魏　嘉　乌海市委党校基础理论教研室负责人，荣获“理响新征程”2022年内蒙古自治区理论宣讲大赛二等奖。

2021年全国两会期间，习近平总书记在看望全国政协医药卫生教育界委员时说了这样一段话："70后、80后、90后、00后，他们走出去看世界之前，中国已经可以平视这个世界了，也不像我们当年那么'土'了……"在这里，他谈到了一个词：平视。这样一个简简单单、朴朴素素的词语初听时并无新奇，细细琢磨却让我们百感交集、思绪万千。

人与人、国与国之间，都有一个相互"怎么看"的问题。是正视，还是斜视？是仰视，还是俯视？这取决于彼此的站位、方位和定位，也取决于彼此的状态、姿态和心态。中国怎么看世界？世界又要怎样看我们？曾经，中国因贫穷落后被西方列强轻视、无视、俯视甚至蔑视。而如今，物换星移，沧海桑田，在中国共产党领导下，我们从山河破碎到独立自主，从一穷二白到繁荣昌盛，从茫然无措到全面建设社会主义现代化的新征程。中华民族任人宰割、饱受欺凌的时代一去不复返了！中国终于可以平视这个世界，世界也理应平视中国。

平视世界，是一份自豪与骄傲，是中国共产党的全面领导带给了我们自信看待世界的底气和志气

在半殖民地半封建的旧中国，中国人是"低等公民"，任人欺凌、卑躬屈膝，根本无从谈起平视世界，只能"跪着""趴

着”仰视世界，是中国共产党带领我们一举推翻“三座大山”的压迫，实现了“站起来”，给了我们平视世界的基础；在新中国成立之初，穷得叮当响的我们拿什么去跟人家平起平坐地对话？在吃不饱的年代里，忍饥挨饿的中国人也只能“英雄气短”，是中国共产党带领我们开展社会主义建设，让“我们唱着春天的故事，改革开放富起来”，给了我们平视世界的支撑。如今，在中国共产党的领导下，我们已经实现了从“站起来”到“富起来”再到迎接“强起来”的华丽转身，我们更有了平视世界的保证。正是在中国共产党的领导下，中国经历了从改天换地到翻天覆地再到惊天动地的变化，使得中国有实力、有底气、有资格“平视世界”。

锡林郭勒边境管理支队民警重温入党誓词（来源：内蒙古日报社）

平视世界，是一种自信和底气，是中国特色社会主义现代化建设的伟大成就让世界以尊重、客观的心态对待我们

1929年，刚到中国不久的美国记者斯诺从繁华的上海出发，沿着铁路来到了当时内蒙古最富裕的商业中心萨拉齐和绥远城，本希望到中国感受“东方魅力”的斯诺，却在这里记录了一幕幕民不聊生的悲惨景象，大街上一片死气沉沉，随时都有人因饥饿而去世，斯诺在书中写道“在绥远城度过的那一段噩梦般的时间里，看到了成千上万的男女老幼在我眼前活活饿死”。在书中，

呼和浩特市一景（来源：实践杂志社）

他以无限的同情和哀伤看待这个古老的东方国家。2016 年，德国人穆勒选择在呼和浩特市定居，他不远万里来到这个遥远的国度，发现这里并不如书中所描绘的那样满目疮痍，而是洋溢着现代与文明的气息。在呼和浩特市的大街小巷，他看到了多彩的自然风光、多元的民族文化、多样的城市发展。与穆勒一样选择在中国定居的外国友人越来越多，他们和我们一起目睹了中国特色社会主义现代化建设的伟大成就。

这源于我们选择了正确道路，中国特色社会主义是真正引领中国实现伟大复兴的必由之路，这条道路不是“传统的”，也不是“复制的”，更不是“套用的”，而是“独创的”，是党和人民历尽千辛万苦、付出巨大代价取得的宝贵成果。我们正是在这样一条正确道路上赢得了世界的尊重。

平视世界，是一种坚持和奋斗，是中国人民百年来的团结奋斗创造的历史伟业让世界看到了崭新的中国，也让世界看到了奋斗不止的中国人

今日之中国之所以能有平视世界的地位，不是谁赐予的，也不是天上掉下来的，而是一个个了不起的中国人艰苦卓绝、自强不息奋斗出来的。不忘初心、牢记使命的共产党员；戎装在身，使命在肩的解放军战士；和时间赛跑，守护人民安全的白

衣天使；辛勤耕耘换来稻穗飘香的农民兄弟；用青春和热血探索未知世界的科研人员……他们用双手奋斗，把曾经之不可能变为今日之可能，他们用脚步丈量大地，用汗水浇灌着祖国的每一寸土地，他们以身许国、筑梦山河，续写了经济快速发展和社会长期稳定两大奇迹，实现了历史性解决困扰中华民族几千年的绝对贫困问题这一“人类减贫史上的奇迹”，探索出以党的自我革命跳出治乱兴衰“历史周期率”的伟大成就。在中国共产党领导下，我们举国上下拧成一股绳，心往一处想、劲往一处使，团结一致、众志成城，以平等的姿态投身于寰球博弈，去展示中国风格、中国气派、中国力量。

呼和浩特市玉泉区恒昌店巷小学学生在“童心向党，逐梦启航”庆祝建党100周年长卷上绘画（丁根厚　摄）

站在新时代的历史方位上，中国不需要仰视，也不需要被仰视；不会去俯视，也不接受被俯视。在未来第二个百年征程的强国路上，我们将以深厚的家国情怀、开阔的国际视野，带着底气和从容，携着骄傲与自豪，平视自己，平视世界，在波澜壮阔的时代机遇中，写下属于中国自己的壮丽篇章！

点评

宣讲从“平视”这一小切口，巧妙地对比了中国从被无视、蔑视到如今赢得了世界尊重的平视，思路创新。整体逻辑清晰，用“五个必由之路”的内容内嵌了是什么支撑中国平视世界、是什么给中国平视世界的底气，用通俗的语言展现了中国人团结奋斗、昂扬向上的姿态。

扫码看视频

奋斗的身影，真美！

◎周　威

个人小传

周　威　呼和浩特职业学院人文与旅游系教师，荣获“理响新征程”2022年内蒙古自治区理论宣讲大赛三等奖。

看到这个忙碌的身影和这双粗糙的手，大家可能已看出这是汽车修理厂的工人在干活的场景，但如果我告诉您照片中的这个身影是个“80后”的工科博士，是大学教授，是欧洲顶尖理工大学德国德累斯顿工业大学访问学者，您会不会感到疑惑，这是个什么教授？教授不应该是在讲台上吗？这就是我的同事呼和浩特职业学院机电工程系的殷晓飞老师。他讲授的课程是汽车电器设备原理与检修，这位教授有独特的上课方式，他将课堂直接搬到车间、搬到修理厂。讲完理论，直接和学生一起实操练习。为了提升学生的职业技能，他带领学生自制实训设备12台，有

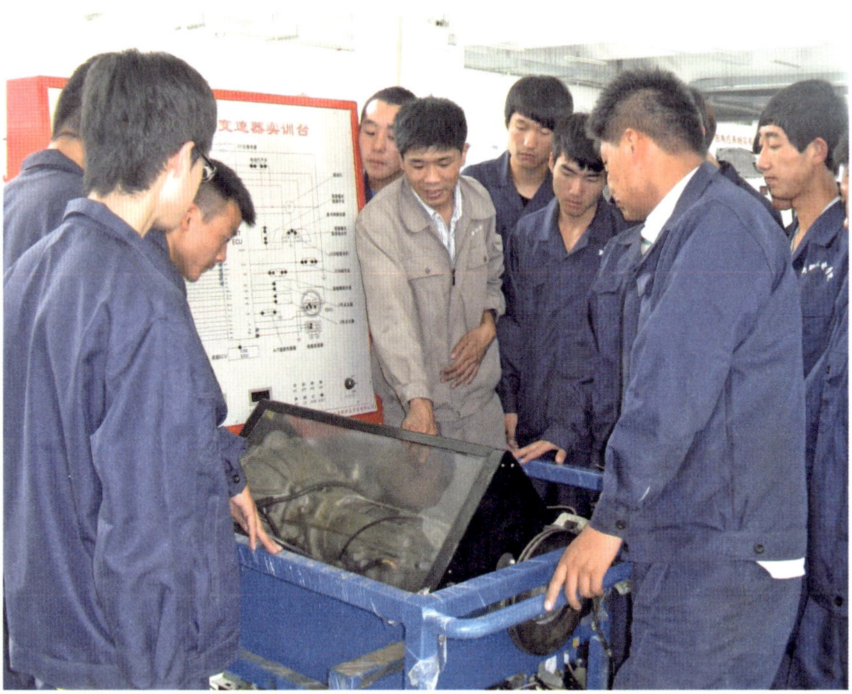

殷晓飞老师正在给学生上实训课（吴蒙杰　摄）

汽车继电器、转向信号系统等。无论课上课下他的学生都叫他师傅，当师傅的最大的成就感就是和学生们完成一个个教学任务、解决一个个故障现象。2021年，呼和浩特市政府建设了10个技能大师工作室，其中就有殷晓飞老师的新能源汽车检测与维修大师工作室。“十四五”规划中明确提出，要大力发展职业教育，探索中国特色学徒制，大力培养技术技能人才。国家有大计划，个人也有小谋划，晓飞老师告诉我他最大的愿望就是通过不断学习，将现代学徒制与工匠精神结合起来，培养出有匠心的大国工匠，让学生们走出校园后为做一个有技术的工人感到骄傲。“三百六十行，行行出状元”。让我们为新时代培养优秀工人的教授师傅点赞。

有人说，少年一贯快马扬帆，道阻且长不转弯，要盛大，要绚烂，要哗然，要用理想的“泰坦尼克”去撞现实的冰川。也有人说，现如今的“90后”“00后”，手机奶茶常在手，一有时间满街走。在不少人眼中，“90后”是特立独行，不太懂担当的。真的是这样吗？照片中的这位小伙子是我的学生，名叫安学伟。2011年刚入学不久，我就发现学伟同学做事很踏实，于是我提议让他来做我们班的班长，在校期间学伟同学不仅是个称职的班长，学习成绩也很优异，获得过自治区级“三好学生”和“优秀学生干部”称号。2014年，即将毕业时，学伟对我说：“老师，我从小生活在农村，家庭条件不好，我一直都不

安学伟团队工作场景（周威　摄）

太自信，是您鼓励我，让我当班长、参加社团、组织活动，连我自己都没想到我还有能力做这么多有意义的事儿。”您看，当老师就是这样幸福，明明只是做了分内事，却收获很多信任与感激。毕业后，学伟留在了呼和浩特市，一边在一家公司上班一边创办自己的工作室，利用所学，他和几位同学为很多企业拍摄制作了不少宣传片，而后又创办了自媒体。学伟说当他忙碌了一天回到出租屋时，身是累的，心却是甜的。因为比起他面朝黄土背朝天的父辈来说，他赶上了更好的时代。2018 年，学伟在呼和浩特市买房子了，100 平方米，他告诉我，他用 4 年时间，攒了25万元，刚好够付首付。他说4年时间他没去过一次饭店，没买过一件新衣服，没坐过一次出租车，但他一点儿也不觉得委屈，因为一切付出都值得。2020年，学伟和相恋两年的女友登记结婚了，小两口一边工作一边经营工作室，一个负责拍摄，一个负责编辑。他俩一起拍的照片还获得了抗击疫情摄影大赛金奖。领完结婚证的那天，在他们的新房，我和他们一起吃了一顿其实很简单但却无比香甜的安家饭。学伟哭了，他激动地说没想到自己还能买得起房，更没想到还能娶到这么好的媳妇。我也哭了，因为我深知这个农村娃这些年的不容易，但我更为他骄傲，在他成长的道路上，没有一点抱怨，有的只是坚持和努力。

“功崇惟志，业广惟勤。”习近平总书记指出：“劳动创造幸福，实干成就伟业。”我想无论是殷晓飞老师，还是安学伟同学，他们都很平凡，但我分明从他们身上看到了劳动的美。是的，他们奋斗的身影真的很美。在党的领导下，千千万万各行各业的劳动者都在平凡的岗位上创造着价值、收获着幸福。让我们所有的追梦人、赶路人都携起手来，将我们的个人梦扎根于泥土，更融入国家的大发展中，奋力谱写共筑中国梦的新篇章。

点评

宣讲理论联系实际，选取身边真人真事，用真情感染人，用真实打动人，用真理说服人。内容虽然没有华丽的辞藻、煽情的渲染，却亲切又易懂，能抓住人、打动人、说服人。

扫码看视频

坚持党的全面领导是坚持和发展中国特色社会主义的必由之路

◎ 任福荣

个人小传

任福荣　呼和浩特市委党校政治与法律教研室副教授，荣获“理响新征程”2022年内蒙古自治区理论宣讲大赛优胜奖。

2022 年全国两会，习近平总书记在参加内蒙古代表团审议时，回顾新时代党和人民奋进历程，精辟概括了这一历程中所形成的“五个必由之路”的重要认识。其中，居于首位的是“坚持党的全面领导是坚持和发展中国特色社会主义的必由之路”。那么，如何理解这一必由之路呢？我们可以从历史、现实和未来 3 个维度来把握。

第一，从历史的角度来看，党领导人民选择中国特色社会主义，改变了中华民族的前途和命运

曾拥有光辉历史的中华民族，自 1840 年鸦片战争以后逐步成为半殖民地半封建社会，沦为西方列强瓜分蚕食的对象。为了摆脱衰亡，我们历经选择。太平天国搞农民运动没有救中国。曾国藩、左宗棠、李鸿章认为中国之所以落后是因为“器不如人”，所以搞起了洋务运动。然而，洋务运动最大的成果北洋水师在甲午海战中全军覆没。之后的戊戌变法、辛亥革命都认为中国真正的问题是“制不如人”，所以搞君主立宪、搞共和制，但统统没有救了中国。直到 1921 年，中国共产党的成立，才点亮了中华民族的复兴之光。电视剧《觉醒年代》在展现“南陈北李相约建党”的那一段儿，李大钊问陈独秀：“你为什么要建这个党？”陈独秀回答：“不为别的，我为了这些受苦受难的同胞能够像人一样地活

出境集装箱仓储（来源：内蒙古日报社）

着，能够拥有人的尊严、人的快乐。”正是这份初心，使中国共产党摆脱以往一切政治力量追求自身特殊利益的局限，选择了造福人民的社会主义道路，由此，改变了中华民族的前途和命运。

第二，从现实的角度来看，党领导人民发展中国特色社会主义，走出了中国式现代化新道路

这条新道路的成就，集中体现在经济快速发展和社会长期稳定两个方面。

在经济发展方面：从2012年到2020年9年时间，经济总量翻了一番，突破100万亿元。特别是2020年，在新冠肺炎疫情的

医务工作者在兴安盟科右中旗巴彦呼舒镇察尔森化嘎查开展送健康活动（来源：内蒙古日报社）

冲击下，中国经济率先实现正增长。2020年《财富》杂志公布，在世界500强中，中国大陆企业上榜133家；排名前5位的企业，有3家是中国大陆企业。

在社会发展方面：我们建成世界上规模最大的社会保障体系。基本医疗保险覆盖超过13亿人，基本养老保险覆盖超过10亿人，居民的平均预期寿命由新中国成立前的35岁提高到2021年的78.2岁。

我们用几十年时间走完发达国家几百年走过的工业化历程，创造了世所罕见的奇迹，最根本的是坚持了党的全面领导。

第三，从未来的角度来看，党领导人民推进中国特色社会主义，创造了人类文明新形态

首先，它超越“西方中心论”，为发展中国家走向现代化提供中国经验。这条经验就是，依据自己的国情选择合适的道路来实现现代化。这源于中国的道路自信和制度自信。

其次，它超越“霸权主义论”，为破解世界发展困境提供中国方案。中国共产党本着为人类谋进步、为世界谋大同的使命担当，提出构建人类命运共同体的主张。这源于中国的理论自信和文化自信。

最后，未来我们所创造的人类文明新形态将更好地发展自身、造福世界。

以上，我从历史、现实和未来3个维度阐释了坚持党的全面领导是坚持和发展中国特色社会主义的必由之路。

点评

宣讲围绕“坚持党的全面领导是坚持和发展中国特色社会主义的必由之路”这一主题，从历史、现实和未来三个维度阐明了我们党如何选择并坚持和发展中国特色社会主义，以及中国特色社会主义给中华民族和世界带来怎样的历史性变革。逻辑严密、说理清楚、恢弘大气。

扫码看视频

团结就是力量，奋斗开创未来

◎ 徐　晶

个人小传

徐　晶　内蒙古电力（集团）有限责任公司锡林郭勒供电分公司信息通信处综合（党群）管理室管理员，荣获“理响新征程”2022年内蒙古自治区理论宣讲大赛优秀奖。

2020年1月26日，大年初二，一个举家团聚的日子，54岁的女将军陈薇结束休假，带领专家组急匆匆赶赴机场支援武汉，他们以别样的方式开启了新的一年。这一去，吉凶未卜，他们却依然选择逆行。她说，没有强大的国，哪儿来幸福的家，现在武汉有难，就是国家有难，我是军人我该去。

一方有难，八方支援。从钟南山、李兰娟，到张伯礼、彭银华，从海南的鲜果、昆明的蔬菜到内蒙古的牛羊肉，举国同心，团结抗疫的精神在古老中华大地上谱就新的篇章。

习近平总书记在参加十三届全国人大五次会议内蒙古代表团审议时强调："团结奋斗是中国人民创造历史伟业的必由之路"，"是中国共产党和中国人民最显著的精神标识"。团结奋斗是一种精神，更是一种实践。

团结奋斗是民族之魂。从土地革命战争时期，中国共产党带领中国工农红军，团结一心开展革命斗争；到抗日战争时期，中华民族同仇敌忾、浴血奋战，最终取得中国近代以来抗击外敌入侵的第一次完全胜利；再到气势恢宏的淮海决战前线和广大后方，几百万的民工大军推着小推车运送粮食，勇往直前冲向战场。淮海战役胜利后，华东野战军司令员陈毅深情地说："淮海战役的胜利，是人民群众用小车推出来的。"这是一次军民团结一心、浴血奋战迎来的伟大胜利，为解放全中国奠定了胜利的基础。

通辽市科尔沁左翼中旗舍伯吐镇那仁村（诺敏·何　摄）

团结奋斗是富民之道。2021年2月25日，习近平总书记在全国脱贫攻坚总结表彰大会上宣布中国脱贫攻坚取得了全面胜利。我们用8年时间实现了9899万农村贫困人口全部脱贫，区域性整体贫困得到解决，谱写了人类反贫困史上的辉煌篇章。从团结村民蹚出一条成熟增收路子的旱天岭村党支部书记丁建华，到带动200多个贫困户实现稳定脱贫的杰出代表马金莲，千千万万中国扶贫人发挥自身优势，团结群众共同奋斗，形成强大合力，打赢了这场牵动人心的脱贫攻坚战。

团结奋斗是强国之基。从九天云外揽月到中国北斗耀苍穹，再到托举千年飞天梦，一部新中国的航空航天发展史就是中国人民自强不息的奋斗史。随着我国科技实力、国防实力、综合国力、国际影响力的显著提升，中华民族伟大复兴进入了不可逆转的历史进程！新征程上，团结奋斗是我们基本实现社会主义现代化远景目标的必由之路，是我们实现第二个百年奋斗目标的必由之路，是我们实现中华民族伟大复兴的必由之路。

筚路蓝缕启山林，栉风沐雨砥砺行。习近平总书记强调："我们靠团结奋斗创造了辉煌历史，还要靠团结奋斗开辟美好未来。"在新的赶考之路上，我们必须用好团结奋斗这个"制胜之道"，更加紧密地团结在以习近平同志为核心的党中央周围，为实现第二个百年奋斗目标、实现中华民族伟大复兴的中国梦砥砺奋进！

神舟十三号载人飞船在内蒙古额济纳旗境内的东风航天城成功发射（额济纳旗融媒体中心记者　敖琪　摄）

点评

宣讲以容易产生共鸣的生动故事引入，使得观众快速产生共情，代入感极强。主体部分从团结奋斗是民族之魂、富民之道、强国之基3个部分阐述观点，层层递进，逐步升华。宣讲以小切口反映大主题，立意鲜明，教育意义深刻。

扫码看视频

团结奋斗是中国人民创造历史伟业的必由之路

◎ 郭永兴

个人小传

郭永兴　集宁师范学院马克思主义学院教师，荣获“理响新征程”2022年内蒙古自治区理论宣讲大赛优胜奖。

在参加十三届全国人大五次会议内蒙古代表团审议时，习近平总书记回顾了党和人民的奋进历程，首次以“五个必由之路”的重大论断，科学回答了“中国为什么能”的世界之问，为全党全国各族人民奋进新征程指明了前行的道路。

习近平总书记强调：“团结奋斗是中国人民创造历史伟业的必由之路。”百年来，党和人民取得的一切成就都是团结奋斗的结果，团结奋斗是中国共产党和中国人民最显著的特征和精神品格。百年奋斗历史告诉我们，团结就是力量，奋斗开创未来；能团结奋斗的民族才有前途，能团结奋斗的政党才能立于不败之地。百年奋斗历史还告诉我们，围绕明确奋斗目标形成的团结才是最牢固的团结，依靠紧密团结进行的奋斗才是最有力的奋斗。在历史发展和时代进步大潮中，中国共产党团结带领中国人民不懈奋斗，开辟了一条富有鲜明特色的中国道路，创造了世所罕见的经济快速发展奇迹和社会长期稳定奇迹。团结奋斗是中国共产党百年光辉历程的主旋律，是中国共产党和中国人民从胜利走向胜利的重要密码。我们靠团结奋斗创造了辉煌历史，还要靠团结奋斗开辟美好未来。

当今世界百年变局和世纪疫情交织叠加，整个世界风云变幻，2008 年席卷全球的金融危机阵痛未消，单边主义、逆全球化再次挑战世贸组织规则，新冠肺炎疫情仍在全球肆虐……纵观整个世界，我们可以骄傲地说风景中国这边独好。所以，我们并非生活在一个和平安定的年代，我们只是生活在了一个和平安定的国家。虽然我们面对的改革发展稳定任务之重、矛盾风险挑战之多、治国理政考验之大前所未有，但是中国共产党的百年奋斗征程、新中国 70 多年的发展历程以及改革开放 40 多年的艰辛探索，无可辩驳地表明，在中国共产党的领导下，全国各族人民团结一心、众志成城，敢于斗争、善于斗争，不断把团结奋斗上升到新的战略高度，汇聚推动发展的强大合力，我们就一定能够战胜前进道路上的一切困难挑战，继续创造令人刮目相看的新的奇迹。

100 多年前，马克思在《德意志意识形态》一书中说，“作为确定的人，现实的人，你就有规定，就有使命，就有任务”。我们要明白，前进的道路并不平坦，任务也并不轻松。“征途漫

七一前夕，包头市检察院组织党员和入党积极分子向党旗庄严宣誓（郁佳俊　摄）

漫，惟有奋斗”，艰难险阻勇者胜，人生理想的风帆要靠团结奋斗来扬起，民族复兴的使命要靠团结奋斗来实现。我们大家追梦恰逢新时代，就应当“立大志、明大德、成大才、担大任”，“不断增强做中国人的志气、骨气、底气”，矢志不渝发扬团结奋斗的优良传统，坚定团结奋斗的顽强意志，不断凝聚起团结奋斗的磅礴力量，让中华民族伟大复兴在我们的团结奋斗中梦想成真！

点　评

宣讲从百年来中国共产党团结带领中国人民创造的历史伟业切入，紧密联系中华民族伟大复兴战略全局和世界百年未有之大变局，以讲事实讲道理的方式，论证阐释了“团结奋斗是中国人民创造历史伟业的必由之路”的科学论断，激励干部群众团结一致，奋进新征程、建功新时代。

扫码看视频

从“五个必由之路”看坚持党的全面领导

◎ 石雨良

个人小传

石雨良 兴安盟委政策研究室科员，荣获“理响新征程”2022年内蒙古自治区理论宣讲大赛优秀奖、最佳人气奖。

呼伦贝尔市扎兰屯市向阳街道向阳村通过“支部扶贫车间贫困群众”模式巩固脱贫成果，助力群众增收致富。图为向阳村群众直播销售中国结（来源：内蒙古日报社）

2022年3月5日，习近平总书记在参加第十三届全国人大五次会议内蒙古代表团审议时，首次以“五个必由之路”的重大论断，科学地回答了“中国为什么能”的世界之问。深入理解这个重大论断对我们看清楚“过去我们为什么能够成功”，弄明白“未来我们怎样才能继续走向成功”，具有十分重要的意义。在这“五个必由之路”当中，第一个“必由之路”便是“坚持党的全面领导是坚持和发展中国特色社会主义的必由之路”。下面，我将从为什么和如何坚持党的全面领导这两个维度，与大家一同把握它作为第一个必由之路的现实意义。

有一副对联，它完整的内容是“群芳吐艳普天同庆春光好百姓脱贫遍地常怀党泽深”，这是2022年春节前夕，习近平总书记在山西考察时在村民蔡文明家看到的一副对联。当蔡文明和习近平总书记说起脱贫后变化的时候，他无限感叹：“我们赶上了好时代，都是托共产党的福、托总书记的福。”一副春联、一句感慨，道出的正是人民群众在党的带领下“生活翻天覆地变化”的真实心声，印证的正是“党的领导是党和国家的根本所在、命脉所在”的深刻道理。

我们回望百年党史，中国共产党带领我们中华民族从一穷二白到站起来、富起来、强起来，实现了四个历史时期的伟大飞跃。我们再着眼当下，一同看一下2022年《政府工作报告》中的一组数据，国内生产总值达到114万亿元，增长8.1%；全国财政收入突破20万亿元，增长10.7%；城镇新增就业1269万人……在新冠肺炎疫情反复延宕、全球挑战层出不穷的背景下，大家应该能够体会我国这份“成绩单”的来之不易。所以，历史和实践都在有力证明，正是有了中国共产党的全面领导，我们巍巍的“中国号”巨轮才有了应对这一切风险挑战的坚定自信和强大底气。

那么，我们该如何坚持党的全面领导呢？我认为首先要做到两个坚决，一是要坚决维护党中央的权威，二是要坚决拥护习近平总书记党中央和全党的核心地位，这两者也正是党的全面领导的核心要义。

第一要坚决维护党中央的权威

兴安盟突泉县水泉镇合发村文化活动室内，村民学习剪纸工艺寻找创富路（来源：内蒙古日报社）

全党全国的事要办好，中央必须有权威。面对脱贫这个世纪难题，党中央一声令下，25.5 万个驻村工作队、300 多万名第一书记和驻村干部一道奋战在扶贫一线，带领群众攻克了一个又一个贫中之贫、坚中之坚；面对百年不遇的新冠肺炎疫情，党中央一声令下，八方驰援，众志成城，我国在全球率先控制住疫情，体现了无比惊人的“中国速度”和“中国力量”。这都在告诉我们，党中央权威是危难时刻全党全国各族人民迎难而上的根本依靠。

第二要坚决拥护党中央和全党的核心

全党有核心，党中央才有权威，党才有力量。党的十九届六中全会，确立习近平同志党中央的核心、全党的核心地位，确立习近平新时代中国特色社会主义思想的指导地位，这是时代呼唤、是历史选择，更是民心所向。我们要始终同以习近平同志为核心的党中央保持高度一致，让忠诚核心、拥戴核心、维护核心、捍卫核心成为我们内蒙古最鲜明的政治底色、成为我们内蒙古广大党员干部最鲜明的政治品格。

同志们，鲲鹏展翅九万里，乱云飞渡更从容。新征程上，我们还要经历很多风雨、克服很多难关，但只要我们坚定不移地坚持党的全面领导，就一定能够在新时代新征程上赢得更加伟大的胜利和荣光！

点评

宣讲从为什么和如何坚持党的全面领导两个维度出发，清晰、深刻地揭示了坚持党的全面领导作为第一个“必由之路”的现实意义。运用历史视角，通过对百年党史的回望，充分证明坚持党的全面领导的历史必然性，并点明了坚持党的全面领导的核心关键。

扫码看视频

宣讲党的十八大以来党和国家事业取得的历史性成就、发生的历史性变革

坚持以人民为中心的发展思想是中国共产党的根本政治立场和价值理念

◎ 郭永兴

个人小传

郭永兴 集宁师范学院马克思主义学院教师，荣获“理响新征程”2022年内蒙古自治区理论宣讲大赛优胜奖。

2022年6月，习近平总书记在四川考察时，步入稻田看秧苗长势，走进乡村话接续振兴，来到高校调研就业问题，指出“衣食住行，还有医药，老百姓最关心的就是这些”，叮嘱“老百姓的事，要实实在在干，干一件是一件，干一件成一件”，勉励“大家收入高了，日子好了，脱贫之后要接续推进乡村振兴，不断发展下去”，“让老百姓过上更加美好的生活”。

正是出于这种始终如一的为民情怀和价值理念，以习近平同志为核心的党中央创造性地提出了以人民为中心的发展思想，坚持把人民利益作为党领导经济社会发展的出发点和落脚点，统筹推进经济、政治、文化、社会、生态文明建设，切实提高人民生活水平。这既是习近平新时代中国特色社会主义思想的重要内容，也是我们党始终坚持的根本政治立场和价值理念。

“人民对美好生活的向往，就是我们的奋斗目标。”始终把人民放在心中最高位置，把为人民谋幸福作为治国理政的核心要义，注重在发展中保障和改善民生，坚定不移走共同富裕的道路，接续奋斗、艰苦奋斗、不懈奋斗，让发展成果更多更公平惠及全体人民，不断增强人民群众的获得感、幸福感、安全感。

北京向西一步，就是乌兰察布。2022年，“我在南村有块地”刷爆了乌兰察布人的朋友圈。周末清晨，人们前往乌兰察布主城区近郊的南村，在租用的60平方米小田地里，戴好遮阳帽，挽起裤脚，拿起农具……“都市农夫”们纷纷下地劳动。这样的小田地，在南村共有 1100 多份，再加上研学体验、马铃薯花海、玉米迷宫乡村游等土地利用项目，每年可为南村增收 60 多万元，这是南村的“90 后”党支部书记张晶和村民们共同想出来的致富“金点子”。幸福是奋斗出来的。按照党中央对新发展阶段优先发展农业农村、全面推进乡村振兴作出的总体部署，南村党支部带领群众深入贯彻新发展理念，坚持生态优先、绿色发展，通过“干部带党员、党员带群众”，群策群力、共建共享，走出了一条农业强、农村美、农民富的乡村振兴新路子，实现了农民农村共同富裕。

小人物展现大情怀，小事例反映大成就。乌兰察布市南村这一小小的缩影在我们身边还有很多很多，在全国各地更是数不完、说不尽。

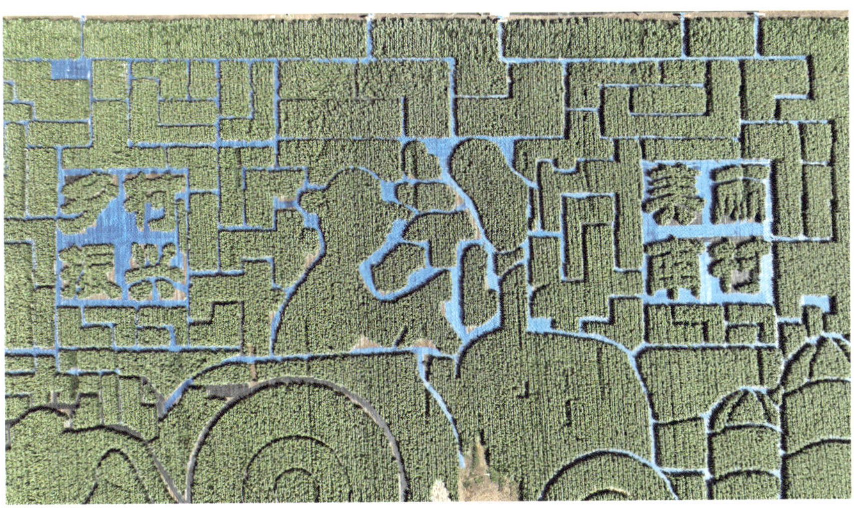

乌兰察布市南村玉米迷宫俯瞰图（来源：察右前旗融媒体中心）

乌兰察布市南村彩绘墙（郭永兴 摄）

坚持为人民执政、靠人民执政，尊重人民主体地位和首创精神，把人民拥护不拥护、赞成不赞成、高兴不高兴作为制定政策的依据，始终依靠人民、代表人民，使党拥有了不竭的智慧和力量源泉。

党的十八大以来，以习近平同志为核心的党中央组织实施了人类历史上规模最大、力度最强的脱贫攻坚战，全国9899万农村贫困人口全部脱贫，历史性地解决了困扰中华民族几千年的绝对贫困问题，创造了人类减贫史上的奇迹。

在抗击新冠肺炎疫情工作中，我们党始终坚持人民至上、生命至上，上至耄耋老人，下到垂髫孩童，不抛弃不放弃每一位患病群众，不惜一切代价救治患者，最大限度保护了人民生命安全和身体健康，“统筹经济发展和疫情防控取得世界上最好的成果”。

造福人民是党的永恒追求。坚持发展为了人民、发展依靠人民、发展成果由人民共享，把实现好、维护好、发展好最广大人民的根本利益作为发展的根本目标，不断把为民造福事业推向前进。

民有所呼，我有所应。在内蒙古，我们都知道长期活跃在基层，“短小精干、一专多能”的乌兰牧骑。时代各有不同，乌兰牧骑精神一脉相承。来自人民、服务人民的乌兰牧骑，以天为幕布，以地为舞台，一如既往地践行着“小队伍”的“大使命”。习近平总书记在给苏尼特右旗乌兰牧骑队员们回信时指出，大力弘扬乌兰牧骑的优良传统，扎根生活沃土，服务农牧民群众，永远做草原上的“红色文艺轻骑兵”。疏通“毛细血管”，打通“最后一公里”，让党的大政方针直通老百姓，惠民政策直达基层，

锡林郭勒盟苏尼特右旗乌兰牧骑开展“送欢乐、送文明”基层服务活动（来源：苏尼特右旗融媒体中心）

始终是乌兰牧骑践行以人民为中心的发展思想、服务基层人民群众的初心使命。

国之大者，为国为民。坚持以人民为中心的发展思想，践行党的这一根本政治立场和价值理念，需要我们统筹解决好人民日益增长的美好生活需要和不平衡不充分的发展之间的矛盾，始终同人民站在一起、想在一起、干在一起，将发展与稳定、民生、人心紧密结合起来，切实把干事创业的精气神提振起来，踔厉奋发、勇毅前行。

点评

宣讲围绕以人民为中心的发展思想，从发生在老百姓身边的事例切入，总结升华出党的理想信念、性质宗旨、初心使命，既有理论高度，又有实践温度。

扫码看视频

生态宜居擦亮乡村振兴底色

◎张　茹

个人小传

张　茹　赤峰市委党校农村牧区经济与市情教研室教师，荣获“理响新征程”2022年内蒙古自治区理论宣讲大赛优胜奖、最佳人气奖。

“水光山色与人亲”。良好的生态环境是乡村振兴的重要支撑。在中国特色社会主义新时代，大多数农民美好生活需要的一个重要内容就是对优美生态环境的需求。为了契合农民群众对“美丽乡村”的殷切期待，党的十九大报告提出“实施乡村振兴战略”时，便将“生态宜居”视为其题中应有之义和“破题”的关键。而实现生态宜居的根本遵循则是涵盖“绿水青山就是金山银山”理念的习近平生态文明思想。

时间是最忠实的记录者，也是最客观的见证者。

20世纪七八十年代，浙江安吉余村，山多地少。为了温饱，余村人开始靠山吃山，创办水泥厂，一跃成为全县有名的富裕村。都说往事如烟，这话放在别的场景里，或许是一种浪漫修

安吉余村矿山遗址（来源：安吉美丽乡村研究院）

安吉余村的"绿水青山就是金山银山"纪念石碑（来源：安吉美丽乡村研究院）

辞，但在余村人的心中，那是一段五味杂陈，甚至是令人心痛的过往。开山挖矿是鼓了口袋，但伴随而来的就是烟囱林立、灰云遮日，山上的毛竹也因被粉尘覆盖，连年减产，曾经的金饭碗让余村人既爱又恨。2003 年，安吉提出生态立县，余村开始陆续关停矿山和水泥厂，集体经济收入一下跌至谷底，村民的不满和质疑从未停止。站在十字路口，余村这场涅槃重生，可谓举步维艰。转折发生在 2005 年 8 月 15 日，时任浙江省委书记的习近平顶着烈日，来到余村考察。在村里的小会议室，听村支书汇报工作时，习近平总书记肯定了余村关停矿山、水泥厂的高明之举，首次提出"绿水青山就是金山银山"的重要理念。有了方向的余村人，依托“竹海”资源和优美的自然环境，因地制宜发展白茶、椅业等产业，还开起了民宿、办起了漂流，大力发展生态休闲旅游经济，让余村人曾经瘪了的口袋又鼓了起来。从“卖石头”到“卖风景”，靠着绿水青山，余村人也实现了金山银山。从余村那间小会议室，“绿水青山就是金山银山”这一既朴素又深邃的理念传播开来，深入人心，激活了乡村发展的一池春水，开启了乡村振兴的无限春光。

用全域生态化支撑美丽宜居

良好的人居环境，是乡情乡愁的重要寄托，是人民群众的深切期盼。民之所望，政之所向。自乡村振兴战略实施以来，各地农村在习近平生态文明思想的指导下，把生态振兴作为先导性工程，坚持陆海统筹、林水共治，全面推进山水林田湖草沙系统治理，大力开展农村人居环境整治行动，让绿色晕染万里神州的每一处水域、每一方土地、每一寸民心，让老百姓可以看得见蓝天白云、繁星闪烁，望得见清水绿岸、鱼翔浅底。

用生态产业化支撑致富惠民

习近平总书记指出：“改善生态环境就是发展生产力。”

在电影《我和我的家乡》的“回乡之路”单元里，镜头聚焦在中国四大沙漠之一的毛乌素沙漠，故事中小人物乔树林自掏腰包带领乡亲们种植沙地苹果，不仅让毛乌素的漫天黄沙不复存在，而且走出了一条因地制宜的生态经济之路，实现“绿水青山”与“金山银山”的有机统一。

我的家乡在赤峰市喀喇沁旗，这里的马鞍山村曾因经济基础薄弱而过度放牧、开垦山林，伤了环境、穷了百姓。党的十八大以来，马鞍山村痛定思痛，开展植被恢复工作，实施封山育林3000亩、人工造林1000亩，如今全村森林覆盖率已经达到90.2%，被评为“国家森林乡村”。“林业兴则生态兴”，生态资源带活了乡村旅游。如今的马鞍山村，山上绿树成荫、美景如画；山下农家院里，游客络绎不绝、热闹非凡。2019年7月15日，习近平总

马鞍山村全貌（尹玉臣　摄）

书记来到了马鞍山村考察调研，他强调：“要坚持因地制宜、因村施策……把产业发展落到促进农民增收上来。”牢记总书记的殷殷嘱托，马鞍山村干部群众因地制宜发展特色产业，不断挖掘生态潜力，夯实发展底色，走上了绿富同兴的发展新路。

用理念绿色化支撑高质量发展

绿色化、生态化的乡村产业是实现乡村振兴的有效途径。对于内蒙古来说，生态是最大的资源，绿色是最真的底色。近年来，内蒙古各族人民在习近平总书记和党中央的领导下，走上了生态优先、绿色发展为导向的高质量发展新路子。伴随着秸秆发电、畜禽粪便资源化利用等企业的不断崛起，内蒙古着力培育壮大节能环保产业、清洁生产产业、清洁能源产业，建立绿色低碳循环的农业产业体系，不仅切实改变了农业过度依赖资源消耗的发展模式，而且为“双碳”目标在农牧业领域落地提供了“内蒙古方案”。

生态的魅力在乡村，乡村的活力靠生态。良好的生态是乡村振兴的财富和优势，“百姓富”与“生态美”是统一的。在以习近平同志为核心的党中央坚强领导下，内蒙古各族人民真抓实干，因地制宜，坚持打好生态牌、写好乡村振兴大文章，为不断开创美丽乡村建设的新局面而接续奋斗！

点评

宣讲稿从“绿水青山就是金山银山”理念诞生地——浙江安吉余村的变化讲起，突出了“绿富同兴”故事的典型性。3个方面阐释条理清晰、逻辑严密，有事实例证、有道理论证，贴近生活、贴近实际、贴近群众。

扫码看视频

无“穷”之路——历史性的跨越
新奋斗的起点

◎朱　宇

个人小传

朱　宇　内蒙古民族幼儿师范高等专科学校教师，荣获“理响新征程”2022年内蒙古自治区理论宣讲大赛优胜奖。

有一个问题已回响千年，那是历代先贤的忧思、心系苍生的追问。皇天后土之上，班固为辛勤耕种的农民感叹“谷贱伤农”，什么时候农民才能有收获的保障？巴山蜀水之间，李白为大山中的百姓感叹“蜀道之难，难于上青天”，什么时候这闭塞的大山才能连通八方，告别苦寒？风雨飘摇之夜，杜甫为天下寒士感叹“安得广厦千万间，大庇天下寒士俱欢颜”，什么时候百姓才能皆有安居，风雨不动安如山？

这千年之问，今天终于有了我们的答案。2020 年，全国上下同心协力、顽强奋战，使得千百年来困扰着中华民族的绝对贫困问题历史性地画上了句号。

这个成就，体量之大独一无二。改革开放以来，按照世界银行每人每天 1.9 美元的国际贫困标准，我国已有 8 亿多人口实现脱贫，超过了欧洲 44 个国家的人口总和。8 年来，党带领人民实施精准扶贫战略，使得超过 9000 万农村贫困人口摆脱绝对贫困，每年减贫 1000 万人以上，每天减贫 1000 人以上。世界银行前行长金墉先生曾评价，中国的扶贫事业是“人类历史上最伟大的事件之一”。

然而脱贫既要看数量，更要看质量。一部《山海情》，让“西海固地区”火了。这个让清朝大臣左宗棠长叹“苦瘠甲于天下”、让联合国粮食开发署给予“世界上最不适宜人类生存的地区”的神奇之地，贫穷到颠覆人们的想象。在当地有句经典俗语：“猫儿吃浆子——总在嘴上抓挖。”十年九旱的土地上曾创造

巴彦淖尔市五原县塔尔湖镇千亩设施扶贫产业园全貌（来源：实践杂志社）

了亩产5公斤粮食的最低纪录。经济凋敝，社会闭塞，民生维艰，歌声如泣。

新中国成立以来，这片土地的发展始终牵动着我们党和人民的心。1982年开始，中央决定实施“三西”地区扶贫开发计划，西海固地区首开扶贫先河，之后接续40年强势推进。在海原县一道山梁上，一位蹲在梁顶瞭望的老汉跟记者说：“哎呀，‘三西’、‘双百’、东西对口、闽宁模式、精准脱贫……哎呀，国家把心思用上了、把钱花上了，要没有国家这么的帮扶，哪儿能就把穷帽子给抹了？还与全国一同脱贫奔小康，做梦都不敢想哩！感谢得很啊！咱这儿1935年过红军，共产党没忘记咱们！”大字不识的老人能把国家扶贫战略说出来，足见这些政策推进得扎实，深入人心。

“闽宁模式”“精准脱贫”等都离不开一个人。从一个生产大队的党支部书记，到一个泱泱大国的最高领导人，他始终牵挂着贫困群众。是的，他就是我们敬爱的习近平总书记。党的十八大以来，他的足迹遍布贫困地区，“小康路上一个都不能掉队”的庄严承诺映照出人民领袖对人民的赤子之心，彰显着百年大党的使命与担当！

在习近平总书记的带领下，数百万扶贫干部同贫困群众想在一起、过在一起、干在一起，将最美的年华无私奉献给了脱贫事业，1800 多名同志将生命定格在了脱贫攻坚征程上。

带动妇女脱贫致富的草原绣娘白晶莹，献身教育扶贫、点燃大山女孩希望的张桂梅，把论文写在大地上 48 年的赵亚夫，扎

设施农业助农增收（来源：实践杂志社）

根脱贫一线、鞠躬尽瘁的姜仕坤，回乡奉献、谱写新时代青春之歌的黄文秀，等等，他们用热血和忠诚兑现了自己的誓言，用青春甚至生命诠释了共产党人的初心使命。

经此一战，你看，乌兰察布的燕麦挺起了腰杆，中宁的枸杞滋养了家园；你听，天梯连起了互联网，急流险滩建起了水电站。在今天，我们已经能够用自己的眼睛看到一个更加美好的中国，她走在幼有所育、学有所教、劳有所得、病有所医、老有所养、住有所居、弱有所扶的路上，她用沃土回答了贫瘠、用通达回答了闭塞、用丰收回答了荒歉。这千年之问，我们终于能自豪地和 14 亿多中国人一起作答：消除贫困、改善民生、逐步实现共同富裕，这是我党不忘初心、牢记使命，交给历史、交付人民

赤峰市巴林右旗幸福之路苏木阿力木图嘎查新貌（来源：实践杂志社）

的时代答卷！

2021 年全国两会期间，在参加十三届全国人大四次会议内蒙古代表团审议时，习近平总书记欣慰地说："内蒙古如期完成了脱贫攻坚目标任务，可喜可贺。"同时指出："脱贫摘帽不是终点，而是新生活、新奋斗的起点。"鼎立于世界百年未有之大变局的风云变幻之中，走在实现第二个百年奋斗目标的新征程上，实现中华民族伟大复兴的中国梦指日可待！如今乡村振兴的大幕已经徐徐拉开，让我们携起手来，为共建一个没有贫困、共同发展的人类命运共同体不懈奋斗！

点评

宣讲设计巧妙、构思独特，再现了一场穿越千年时空的古今问答——前半部分"问"，后半部分"答"，有问有答，有呼有应，层层递进，引人入胜。

扫码看视频

团结奋斗创造奇迹

◎ 张珅荣

个人小传

张珅荣 内蒙古能源集团职员，荣获“理响新征程”2022年内蒙古自治区理论宣讲大赛优秀奖。

习近平总书记强调："只要在党的领导下全国各族人民团结一心、众志成城，敢于斗争、善于斗争，我们就一定能够战胜前进道路上的一切困难挑战，继续创造令人刮目相看的新的奇迹。"

说到奇迹，想起了我们的故事。曾经，我也曾梦想着诗和远方，做一名背包客，可当我们走进青藏高原这片神奇的土地，站在 318 国道边上，身边的藏族老阿妈就第一个不相信，反复和身边人确认：他们，能在这儿？在这儿建铁塔？

没错，我们要在这里完成的，是迄今为止世界海拔最高、海拔跨度最大、自然条件最复杂，挑战人类极限的输变电工程——藏中联网工程，其中由内蒙古能源集团承建的第 19 标包，打响了内蒙古国资国企人迈向青藏高原的征程。

藏中联网项目竣工投运（来源：内蒙古能源集团有限公司）

藏中联网工程索道搭建施工现场（来源：内蒙古能源集团有限公司）

作为国家安边、扶边、固边的战略工程，如何在年有效工期不足 5 个月的时间中争分夺秒？作为党员，如何让党的温暖尽快传递到藏区百姓心中？我们比谁都心急。而另一方面，脆弱的生态系统、严苛的环保要求和复杂的施工条件，对项目部每个人都是生命的考验。

顶着剧烈的高原反应，心慌、恶心、嘴唇发紫、头痛欲裂，树枝掉下的冰凌顺着脖子跟衣服的缝隙溜了进去，身上的衣物完全湿透了，脚底也感受到了刺骨的冰凉。脑海里浮现的是对老阿妈的承诺，我们保证完成任务。生活上的“将就”，成就了工程的“讲究”，44 条索道记录着我们的坚守，4203 米的跨距镌刻着我们的印记，4766 米的高度标定了向前的路。

随着天气转暖，藏区的游客成倍增加。项目部临时党支部在工程沿线 318 国道旁建立了党员服务站、吸氧处、饮水点、指引牌。质疑的声音越来越少，点赞的人越来越多。站在路边，我泪流满面：“老阿妈，您说的铁塔我们建起来了，一条条线路正是连接党和藏区人民的‘心路’啊。”

奇迹，也许在老阿妈的面前，青藏高原上的一座座铁塔就是伟大的奇迹；但在老阿妈的身后，这是国有企业改革发展的奇迹，也是各民族团结进步的奇迹，更是党百年奋斗的奇迹！内蒙古国资国企人将继续创造新的奇迹，共同建设伟大祖国，共同创造美好生活！

点评

宣讲结合工作实际，以第一人称方式讲述故事、讲清道理、阐明观点，以事说理、融情于理、亲切感人，既有现实高度，又有理论深度，充分彰显了新时代国资国企人的使命担当。

扫码看视频

脱贫攻坚，书写了人类发展史上的伟大传奇

◎张　茹

个人小传

张　茹　赤峰市委党校农村牧区经济与市情教研室教师，荣获“理响新征程”2022年内蒙古自治区理论宣讲大赛优胜奖、最佳人气奖。

这传奇的书写者是习近平总书记，他亲自指挥打赢脱贫攻坚战，他走遍全国 14 个集中连片特困地区，50 多次国内考察中 40 多次涉及扶贫，连续主持召开 7 次脱贫攻坚专题会议。从初期的全面部署，到中期的全面推进，再到决胜期防滑坡、防松懈，在脱贫攻坚的每一个阶段，习近平总书记都直指难点、把脉开方，高位推动、响鼓重锤！ 2021 年 7 月 1 日，在庆祝中国共产党成立 100 周年大会上，总书记庄严宣告：我们在中华大地上全面建成了小康社会。

这传奇的书写方法是“精准扶贫”。2013 年 11 月，习近平总书记在湖南湘西考察时首次提出了“精准扶贫”的重要思想。2015 年召开的中央扶贫开发工作会议上，总书记指出要按照贫困

赤峰市林西县设施农业扶贫项目（来源：实践杂志社）

老君沟村航拍图（来源：林西县大营子乡人民政府）

人口的具体情况，实施“五个一批”工程。2018年，在打好精准脱贫攻坚战座谈会上，总书记强调要按照“六个精准”的要求提高脱贫实效。

赤峰市是内蒙古重点贫困地区之一，全市12个旗县区中有8个国家级贫困县、2个自治区级贫困县，是内蒙古脱贫攻坚的主战场之一。下面，我将用一个村庄蜕变的历程，展现脱贫攻坚的伟大传奇。赤峰市林西县大营子乡老君沟村是一个典型的贫困村，粪污满地、破败不堪，一方水土难养一方人，传统扶贫方式很难奏效。在习近平总书记关于精准扶贫的重要思想指引下，按照“五个一批”要求，林西县于2018年5月对老君沟村实施了“产业+易地搬迁”的扶贫模式，让老君沟村旧貌换新颜。目前，村里原贫困人口人均年收入超过1.5万元。老君沟村安置区荣获“十三五”期间全国美丽搬迁安置区荣誉称号。经过几年的努力，林西县围绕“菜果药牛”四大主导产业，积极培育和引进龙头企业和新型经营主体，打造了全链条的产业体系，实现了整县脱贫。林西县也因这种扶贫模式成效显著，荣获了 2019 年“全球减贫案例”最佳案例，成为全区第一个摘掉贫困县帽子的旗县区。

对于我们内蒙古，习近平总书记一直非常关注并寄予厚望。先后两次来到内蒙古考察调研；连续 5 年参加十三届全国人大历次会议内蒙古代表团审议，对打赢脱贫攻坚战和推进乡村振兴工作作出重要指示。思想的光芒照亮前行的航向。如何巩固脱贫攻坚成果，接续乡村振兴新的征程，这是脱贫后的新挑战。为此中

赤峰市敖汉旗三十二连山全貌（来源：实践杂志社）

央明确设立5年过渡期，用“四不摘”政策对脱贫地区、脱贫群众“扶上马送一程”。

解决了绝对贫困问题也解决了乡村振兴最大的一个短板，进入“十四五”，“三农”工作重心发生了历史性转移，农业强、农村美、农民富的乡村振兴壮美画卷正在徐徐展开。波澜壮阔欣回首，敢为人先又续征。让我们更加紧密地团结在以习近平同志为核心的党中央周围，增强“四个意识”、坚定“四个自信”、做到“两个维护”，真抓实干，埋头苦干，奋力开创全面推进乡村振兴新局面。

点评

宣讲选题重大、主题鲜明、立意深远，紧紧围绕脱贫攻坚这一主题，选取打赢脱贫攻坚战的典型实例，在说事说理中见人见事见精神，梳理、提炼、归纳、总结到位，有广度、有深度、有温度。

扫码看视频

唱响生态最强音
守好北疆风景线

◎ 魏　嘉

个人小传

魏　嘉　乌海市委党校基础理论教研室负责人，荣获“理响新征程”2022年内蒙古自治区理论宣讲大赛二等奖。

小时候读到朱自清的《春》，第一句话便是："盼望着，盼望着，东风来了，春天的脚步近了。"那时候的我很好奇，为什么要盼望春天的到来，因为在我的印象里，家乡的春天常常是一幅"渺渺黄沙天万里"的场景，黄色的沙、黑色的煤、呛人的空气、灰蒙蒙的天空以及永远都洗不干净的白球鞋……我的家乡乌海是内蒙古西部一座传统的资源型城市，这里矿产资源丰富，但干旱少雨、风大沙多，生态环境脆弱。如何平衡好经济发展与环境保护的关系是我们面临的现实困境，也是内蒙古必须肩负起的重要使命和责任。

100多年前，马克思曾为我们描述的共产主义社会不仅实现了人与人的和谐，更是要解决人和自然界之间的矛盾。在马克思科学自然观的基础上，习近平总书记明确指出我们要实现的现代化，是人与自然和谐共生的现代化，他提出了著名的"两山"理念——"既要绿水青山，也要金山银山。宁要绿水青山，不要金山银山，而且绿水青山就是金山银山。"短短的三句话，告诉我们该如何处理好经济发展与环境保护的关系，为内蒙古指出一条以生态优先、绿色发展为导向的高质量发展新路子。

首先，以革故鼎新的思路谱写"既要绿水青山，也要金山银山"的"新乐章"

内蒙古是我国重要的能源和战略资源基地，为了深入贯彻

内蒙古通威高纯晶硅项目厂区（内蒙古日报社记者　金泉　摄）

新发展理念，做好碳达峰、碳中和工作。近年来，我们加快调整产业结构，培育新产业、新动能，逐渐形成多元发展、多极支撑的现代产业新体系。经济发展不仅有“含金量”，更有“含新量”“含绿量”。逐步形成从依赖资源到依托资源，再到超越资源的发展模式。

其次，以壮士断腕的勇气奏响“宁要绿水青山不要金山银山”的“奋进曲”

内蒙古是我国北方重要的生态安全屏障。为了夯实生态底线，我们统筹山水林田湖草沙系统治理，深入推进生态保护修复重大工程，将全区超过50%的国土面积划入生态保护红线以内，工业园区规划面积压减30%以上。经过不断的努力，我们实现了森林覆盖率和草原综合植被盖度“双提高”，荒漠化和沙化土地面积“双减少”。

最后，以开拓进取的精神唱响“绿水青山就是金山银山”的“主旋律”

经济发展与生态保护本质上是和谐统一、浑然一体的关系，关键要找到二者之间的转化。在大力保护环境的同时，内蒙古发挥优质草原、土壤、水源的自然优势，发展生态农业、牧业、林

内蒙古大兴安岭原始森林（刘兆明　摄）

业，培育生态旅游、全域旅游。既守住了“绿水青山”，也做活了“金山银山”。

如今，家乡的春天也不再是黄沙漫漫，而是满目葱茏、沙鸥翔集。正如习近平总书记所说：“人不负青山，青山定不负人。”在未来的发展中，内蒙古将继续坚持美丽与发展共赢，“颜值”与“产值”兼收，坚定不移走以生态优先，绿色发展为导向的高质量发展新路子，让这座万里绿色长城在祖国北疆大地上雄雄挺立！

点评

宣讲逻辑清晰，语言优美，从个人的实际生活感受导入，以“新乐章”“奋进曲”“主旋律”3个关键词作为核心点论述了内蒙古生态文明的成就，既具有理论内涵又蕴含现实情况，具有一定的理论普及作用。

扫码看视频

中国共产党的追求就是让老百姓的生活越来越好！

◎ 蒋桂芝

个人小传

蒋桂芝　乌海市委讲师团副团长，荣获“理响新征程”2022年内蒙古自治区理论宣讲大赛优秀奖、最佳人气奖。

大家好！作为一名“70后”，我亲历了生活从贫穷到小康的一路狂奔，对于在党领导之下生活发生的巨变有着太多感动感想感悟。此时此刻，我想采撷其中的几片浪花与大家分享。

我出生在一个矿工家庭，妈妈没有固定工作，家中有5个孩子，童年时光充满了困窘。知识改变命运，就是发生在我身上的故事。上学学费不高，毕业国家包分配，一出大学校门，我就成了光荣的人民教师。

从教17年，我有幸见证了西部地区教育发展的“中国速度”，我看到了党和国家对于教育事业的投入，深刻明白中国共产党的追求就是让老百姓的生活越来越好！生逢盛世，必当回报！我像胡

蒋桂芝和姐妹们的童年合影（蒋桂芝　提供）

杨一样扎根祖国西部基础教育，经过拼搏，我成为了一名让家长和学生都认可的老师。

2012年，我来到宣传系统工作，我这个矿区娃又登上了一个新平台。通过工作，我深刻体会到：中国共产党的追求就是让老百姓的生活越来越好！党和人民取得的一切成就，不是天上掉下来的，不是地上自动冒出来的，更不是别人恩赐的，而是在不断斗争、不断战胜各种风险挑战中取得的。

党的十八大以来，以习近平同志为核心的党中央把人民对美好生活的向往作为党的奋斗目标，在重塑民魂、重振民智、重拾民心的伟大复兴之路上，一砖一瓦构建中国人民的“精神大厦”。今日之华夏，处处洋溢着自尊与自信，处处彰显着自立与自强。

蒋桂芝在呼伦贝尔市陈巴尔虎旗西乌珠尔苏木为牧区群众宣讲（白长皓　摄）

2021年3月6日，习近平总书记在看望参加全国政协会议的医药卫生界教育界委员时感慨："70后、80后、90后、00后，他们走出去看世界之前，中国已经可以平视这个世界了，也不像我们当年那么'土'了……"

一个民族要走在时代前列，必须要有正确思想指引。我感受到新时代正温暖而有力地拍打着我的肩膀——"好样的，堪当大任！"昨天怎样被感动，今天就怎样去拼搏。作为理论宣传工作者，我们必须高举马克思主义的思想火炬，自觉地用习近平新时代中国特色社会主义思想武装头脑、指导实践，坚持"真人、真事、真感情"，奏响百姓宣讲最强音！

"你是中国人吗？你爱中国吗？你愿意中国好吗？"张伯苓先生的"爱国三问"穿越时空，质朴厚重，依然蕴藏着无穷力量。踏上新征程，在以习近平同志为核心的党中央坚强领导下，只要我们把个人梦想融入国家梦、民族梦之中，心往一处想，劲往一处使，汇聚起14亿多人民的智慧，形成全面建设社会主义现代化国家的磅礴力量，中华民族伟大复兴的中国梦就一定能早日实现！

点评

宣讲从自己成长的亲身体验出发，紧紧围绕生活变迁展开，在展示新时代十年成就的同时，探究幸福生活来之不易的原因。整场宣讲感情真挚、逻辑严密，情真意切、感染力强。

扫码看视频

青春的模样　奋斗的身影

◎ 周　威

个人小传

周　威　呼和浩特职业学院人文与旅游系教师，荣获“理响新征程”2022年内蒙古自治区理论宣讲大赛三等奖。

青春应该有的模样是什么？青春是梁启超先生的“少年强则国强，少年独立则国独立”，青春是为了研制核武器隐姓埋名一辈子的“两弹元勋”邓稼先，青春是将生命奉献给脱贫攻坚事业的黄文秀。奋斗是青春最美的模样！习近平总书记曾说过：“奋斗是艰辛的，艰难困苦、玉汝于成，没有艰辛就不是真正的奋斗，我们要勇于在艰苦奋斗中净化灵魂、磨砺意志、坚定信念。”

今天，我想跟大家分享的就是我身边的普通人的奋斗故事。我的爷爷今年已86岁，身体还算硬朗。老人家看上去普普通通，20岁的他刚从师范学校毕业就到乡村小学任教。20世纪七八十年代的乡村学校，教学条件极其简陋，教室里夏天漏雨、秋天漏风，到了冬天老师们需要早早到教室掏炉灰、生炉子，指甲盖大小的粉笔头塞进笔盖里，一直用到完全写不出字来。就这样，爷爷日复一日、年复一年坚守在乡村小学近40年。其间，他原本是有机会调到镇上甚至是市里的学校，但是老人拒绝了，因为他知道乡村教师短缺，乡村基础教育需要他。这些已经泛黄的老照片在老人的家里存放着，好像在静静地诉说着一个普通基层老教师的平凡故事，这个故事情系着一个老人的青春，这个故事关乎着一个个乡村孩子的未来。

我曾经好奇地问过爷爷：“乡村教学工作苦不苦？难不难？”他说：“乡村读书的孩子们更苦、更难，但是所有的苦和难坚持下来就会有希望。”爷爷说最让他感到幸福的事就是他的学生们通过努力、通过知识改变了命运。2018 年 9 月的教师节前夕，已经退休多年的老人收到了一份特殊的荣誉证书，是中华人民共和国教育部、人力资源和社会保障部颁发的奖给他从事乡村教育工作满 30 年的证书。这证书是他从教事业的见证，更是中国教育事业发展的见证。我从爷爷身上读懂了：青春因奋斗而闪光，而奋斗本身也是一种坚守。

周贺百老人的荣誉证书（周威　摄）

在我们家，我的爷爷、我的姥爷都是教师。我常想，我的血液里应该是流淌着一种名为老师的基因，它让我也义无反顾地走上讲台，我热爱教书，热爱学生。不知道大家有没有和我一样的感受，那就是热爱是个很奇特的事情，它会让你无怨无悔，它会让你心甘情愿，它会让你坚持到底。云南省丽江华坪女子高级中学的张桂梅校长，如果不是因为有对学生的爱，怎么能让她为了贫困家庭的女学生奔走，即使身患 10 多种疾病，也依然坚守在贫困山区。如果不是因为热爱，黑龙江佳木斯第十九中学的张丽丽老师怎么会奋不顾身地纵身一跃，保护了学生却使自己永远失去了双腿。唯有热爱，可抵岁月漫长；唯有热爱，不畏世间无常。

习近平总书记曾指出：“青年时代树立正确的理想、坚定的信念十分紧要，不仅要树立，而且要在心中扎根，一辈子都能坚持为之奋斗。”理想信念是精神之基、力量之源。青年理想远大、信念坚定，是一个国家、一个民族无坚不摧的前进动力。

再给大家介绍一位姑娘，照片中的这个姑娘是我的学生，今年 24 岁，名叫董海燕。海燕是个开朗上进的姑娘，上大学时是班里的团支书，2020 年 12 月考上了内蒙古自治区特设岗位专项计划“三科”教师，现在是巴彦淖尔市乌拉特后旗蒙完小三

董海燕正在给学生上语文课（赵奋泽　摄）

年级一班、二班的语文课教师。海燕说她赶上了好时代，现如今即使是乡镇小学教学条件也很好，窗明几净的教室、现代化的教学设备，让她可以没有任何后顾之忧地在课堂上“尽情施展”。这是海燕在参加“三科”教师岗前培训时写的一篇日记，她在日记中这样写道：“回到了我小学的母校任教，是一个开始，我认为我们接受高等教育的目的是帮助我们的家乡摆脱贫困，而不是为了摆脱我们贫困的家乡。‘为天地立心，为生民立命，为往圣继绝学，为万世开太平。’我是这样想的，也是这样做的。”多么朴实却多么有力量的一句话，我们接受高等教育的目的不是为了摆脱贫困的家乡，而是为了帮助家乡摆脱贫困！我从海燕身上读到了：青春因理想而丰盈，而奋斗本身就是一种磨砺。

我的爷爷和我的学生，他们其实很普通，但我分明从他们的身上看到了青春应该有的最美好的样子，他们奋斗的身影真美！一代人有一代人的际遇，一代青年也有一代青年的使命，新时代为接续伟大梦想，我们必须坚定理想信念，担当时代职责，发扬奋斗精神。近些年，我们美丽的家乡在党的关怀和领导下，在一代又一代、一辈又一辈干部群众的共同努力下，各项事业都取得了历史性成就。如今，从我的家乡呼和浩特坐着高铁最快两小时就能到达首都北京，我们更是取得了脱贫攻坚的全面胜利……我们怎么能不为我们的党、我们的祖国、我们的家乡感到骄傲和自豪？现如今，接力棒已经传到了我们这代人的手中，就让我们所有的追梦人和赶路人都携起手来，将自己的个人梦不仅扎根泥土，更融入国家的大发展中，不辱使命，努力奋斗，奋力谱写共筑中国梦的新篇章。

点评

宣讲用身边的两则感人故事讲述了青春的模样，内容丰富，感情真挚，平实质朴，主题突出，既有角度、有态度，又有高度、有温度。

扫码看视频

宣讲内蒙古各地牢记嘱托、奋力书写新时代高质量发展新篇章的生动实践

和林格尔的绿色传奇

◎ 任福荣

个人小传

任福荣 呼和浩特市委党校政治与法律教研室副教授，荣获“理响新征程”2022年内蒙古自治区理论宣讲大赛优胜奖。

今天的白二爷沙坝郁郁葱葱（来源：和林格尔县融媒体中心）

大家好！您眼前看到的这一片绿色林海是呼和浩特市和林格尔县的白二爷沙坝。您一定很好奇，为什么名字叫作沙坝，而看到的却是一片林海。没错，40年前这里的确是一片漫漫沙海。是谁让沙海变成了绿洲？今天，我给大家讲述和林格尔县（以下简称和林县）干部群众在党的领导下以实干担当、艰苦奋斗书写的绿色传奇。

从呼和浩特市区南行70多公里，渡过浑河，就进入和林县大红城乡境内的白二爷沙坝。1978年以前，和林县植被盖度不到15%，生态状况相当严峻。全县510万亩土地，水土流失面积占70%，到处是荒山秃岭；风蚀沙化面积又占15%，其中条件最差、危害最大的地方就是白二爷沙坝。这是一个总面积12万亩的黄沙滩，沙丘高达10米以上，借助风力每年以3至5米的速度向东南扩展。风一起，黄沙遮天蔽日。老百姓说："这里是一年一场风，从春刮到冬。小风难睁眼，大风活埋人。"周围 1 万多亩农田已经被流沙吞没，五六个村庄的村民不得不背井离乡搬迁他处。

面对这样的生存困境，改革开放前，和林县曾 3 次治理白二爷沙坝，但都收效甚微。1981 年，云福祥担任和林县长。他认为，和林县穷就穷在土地沙化、水土流失上，再不治理，和林县就会变成名副其实的大沙漠！他带着科技人员，先后 17 次进入沙漠腹地进行考察，研究治理方案。他说："白二爷沙坝能治好，咱和林县就能好！"1982 年 6 月，云福祥亲自挂帅，带领由 120 名青年男女组成的专业治沙队，集结上坝，开启了一段战天斗地

20 世纪 80 年代初，白二爷沙坝黄沙漫漫（来源：和林格尔县融媒体中心）

云福祥带领治沙队员在白二爷沙坝点种沙蒿（来源：和林格尔县融媒体中心）

的峥嵘岁月。作为治沙领头人的云福祥，他既吹冲锋号又当急先锋。在白二爷沙坝整整干了20年，他有2/3的时间冲锋在第一线。1983年雨季，连下了7天雨，云福祥带领队员们在大雨滂沱中连种了7天树。他们从清水河县买来树苗，手提肩扛运到山上，为了保护树根的泥土，云福祥脱下雨衣给树苗包上，自己淋雨。农历八月十五出生的他，几乎年年中秋都跟队员们在沙坝上度过。2003年云福祥离开了我们。在他身后留下的不仅仅是12万亩绿色林海，更是保护生态的发展理念和实干担当、艰苦奋斗的精神。

在云福祥的带领下，治沙队员们团结奋斗、苦干实干。他们每天早晨4点半起床，5点出工，迎着曙光向沙漠腹地开进，疾行25里才能到达种树的地方。由于风沙肆虐、干旱少雨，有时栽下的树苗一晚上就被连根拔起，需要反复栽种六七次才能成活。女队员与男队员同工同酬，长、宽、深各1米的树坑，他们平均每人每天能挖60个，最多的能挖到86个。这样的劳动强度，队员们每天拿着 1.36 元的工资，却从来没叫过苦。

正是凭着这样的苦干实干，治沙队在白二爷沙坝共种植林草 12 万亩，还在沙坝的外围搞水土保持工程 2500 多公顷，植被覆盖率由 15% 提高到 85%，锁住了水土，平衡了生态，白二爷沙坝终于得到治理。当地农民人均可支配收入从 1982 年食不果腹的 65 元提高到 2020 年的 1.5 万元，人民终于可以在这片土地上安居乐业。特别值得骄傲的是，白二爷沙坝的治理对于治理母亲河黄河也有巨大贡献。由于浑河是黄河在内蒙古境内的重要支流，白二爷沙坝又横卧在浑河南岸，治理白二爷沙坝每年可以减少 200 万吨泥沙经浑河输入黄河，为黄河减少 5% 的泥沙。

可以说，白二爷沙坝的治理树立了一个光辉榜样，此后和林县组建了多个常年或者季节性的种树种草专业队，拉开了大规模绿化国土的行动。特别是党的十八大以来，全县每年完成造林绿化面积都在 5 万亩以上。如今，全县林地总面积稳定在 230 万亩，森林覆盖率达到 35%，在习近平生态文明思想的指引下，续写着

“造林模范”云福祥在白二爷沙坝植树（来源：和林格尔县融媒体中心）

绿色传奇。

“生态美”带动了“百姓富”。随着生态环境不断改善，近年来，和林县文化旅游产业蓬勃发展——南山生态文化旅游园区、南天门林场、白二爷沙坝等地年接待国内外游客80多万人次，直接、间接年收入5000多万元。

“生态美”也助力“产业兴”。致力于草原生态修复的“蒙草”，精心培育良种苗木的“蒙树”，中国乳业的金字招牌“蒙牛”和综合利用沙棘的“宇航人”等多家企业，它们扎根于和林县这方热土，在企业自身发展壮大的同时，直接或间接带动周边数以千计富余劳动力就业，形成了一条完整的生态产业链。可以说，绿色发展点亮了和林县经济。

从白二爷沙坝的成功治理到和林县绿色经济的腾飞，我们走出了一条人与自然和谐共生的生态发展之路，生动地践行了习近平生态文明思想，印证了“良好的生态环境是最普惠的民生福祉”和“绿水青山就是金山银山”的深刻道理。

习近平总书记指出，内蒙古生态状况如何，不仅关系全区各族群众生存和发展，而且关系华北、东北、西北乃至全国生态安全。未来，我们要牢记嘱托、勇担使命，坚持生态优先、绿色发展，以实干担当、艰苦奋斗的精神开创事业，为筑牢祖国北方重要生态安全屏障贡献更大的力量。

点评

宣讲聚焦于呼和浩特市和林格尔县的白二爷沙坝，讲述了和林格尔县干部群众将沙海变为绿洲的生态奇迹，以小见大，循循善诱，引人入胜，能引发共鸣共情。

扫码看视频

一份交给世界的绿色答卷

◎ 敖敦图雅

个人小传

敖敦图雅 通辽市委宣传部新闻科科员，荣获“理响新征程”2022年内蒙古自治区理论宣讲大赛三等奖。

2019 年，全球减贫伙伴研讨会在意大利罗马举行，通辽市科左后旗的“生态修复促扶贫”案例从 30 多个国家的 820 个案例中脱颖而出，入选全球最佳减贫案例。

全球的荒漠化正以每分钟 23 公顷的速度蔓延，地球上每 7 个人中就有 1 个人生活在漫天黄沙里。而荒漠化是导致人类贫穷的重要原因。曾经，科尔沁沙地面积扩大到 5.06 万平方千米，成为全国最大的沙地。科左后旗就位于科尔沁沙地腹地。在 20 世纪 70 年代至 90 年代，80% 的土地沙化，生态严重失衡，百姓叫苦连天。为扭转这一趋势，党的十八大以来，通辽市实施“双千万亩”工程，科左后旗采取“六大独门秘籍”，进行艰苦卓绝的生态改造和减贫扶贫。十几年来，山河巨变，百姓脱贫，沙

科左后旗沙地修复后的场景（张嘉海　摄）

格日乐正在抽水浇树（格日乐　提供）

漠变为绿洲，国家级贫困旗“变身”全国脱贫攻坚先进集体。

这是通辽市交给世界的一份绿色答卷，饱含各族干部群众对生于斯长于斯的这片土地的眷眷深情，也是对“绿水青山就是金山银山”发展理念的完美诠释，得到联合国的首肯，获得与会国内外嘉宾广泛关注和点赞。

这份答卷沉甸甸，是褒奖，更是前进的动力和助推剂。

这份答卷背后有党委政府科学施策，也有普通百姓的付出与贡献。

89岁的治沙老人格日乐就是其中一员。20年前，退休后的她不顾家人的反对，回到故乡植树造林，先后投入30多万元，让260亩沙漠变为绿洲，并无偿交给了当地村委会。在沙漠种树困难重重。没有树苗，用退休金买；干旱缺水，用担子挑；没有住处，就在沙窝中搭窝棚……她带领村民一瓢水接一瓢水地植活了20万株树苗，从六旬、七旬植到八旬，交给世人一片绿洲。她说，我和老伴这些年的退休金没存下一分钱，全扔在这儿了，可是一看这个沙坨子绿了，就打心眼里高兴。我爱这个树啊，就像爱自己的儿女一样。

仙鹤飞来，栖息在双合尔山脚，流连忘返不思归；牧童牛背横笛，夕阳晚唱悠然意；小河流水，垂柳依依……如今的科尔沁沙地正以每年 300 万亩的综合治理速度向前推进，科尔沁沙地在全国四大沙地中率先实现良性逆转，2000 万亩沙化土地得到有效治理，越来越多的治沙人不断涌现，但格日乐老人却从未停歇，仍在为乡亲们的经济树种四处奔走……人们都好奇于她的执着，她只是重复了一遍 20 年前的誓言，那就是“生命不息，治沙不止”。

“人不负青山，青山定不负人。”如今，随着生态日益好转，荒漠绿了，河床满了，候鸟也纷纷归来。

每年春天，扎鲁特旗的舍楞老人都会如约出现在村头的老榆树下，就像等待远行游子归来的父亲，等待着两只蓑羽鹤的到来……几年前，老人在河边捡到两只失去父母的蓑羽鹤，将它们带回家中悉心照料，为它们捉蚂蚱喂食，带它们嬉戏，教它们飞翔。在他的用心照顾下，两只小鹤很快羽翼丰满起来，老人也让它们回归了大自然。此后老人时常坐在老榆树下，仰望天空回忆与两只小鹤相伴的日子。没想到的是，第二年春天，两只小鹤又奇迹般地出现在老地方，见到老人时高兴地挥动翅膀，鸣叫着飞向他的怀抱，在青山绿水间自由飞翔。第三年、第四年……这成了老人与鹤之间无言的约定，远隔千山万水、飞越千难万险，鹤

舍楞老人与蓑羽鹤（包曙光　摄）

眷恋着这片草原的山水。

环境就是民生，青山就是美丽，蓝天也是幸福。尊重自然、顺应自然、保护自然，如今的科尔沁，山清水秀，生态优良，产业发展，人民幸福安康。各族干部群众坚定不移走好以生态优先、绿色发展为导向的高质量发展新路子，绘就人与自然和谐共生的美丽画卷，让天蓝地绿水清从理想照进现实。

习近平总书记连续 5 年参加十三届全国人大历次会议内蒙古代表团审议，生态保护是总书记始终如一的关切。构筑北疆生态安全屏障，把祖国北疆这道风景线建设得更加亮丽，是总书记的殷殷嘱托。自强不息的内蒙古人坚信：绿色是内蒙古的底色和价值，生态是内蒙古的责任和未来，要像保护眼睛一样保护生态环境，像对待生命一样对待生态环境。绿色不仅在内蒙古的山川大地蔓延，更在人们的心中延展，2400 多万内蒙古各族儿女在新的征程上，必将牢记嘱托，向世界交出更加亮眼的绿色答卷！

点评

宣讲讲述了通辽市“生态修复促扶贫”案例，用数据、实例支撑，内容简单不复杂、朴素不华丽、有力不虚浮，生动地表达了生态文明建设的重要意义。

扫码看视频

以习近平生态文明思想为指导，绘就美丽中国画卷

◎ 李　静

个人小传

李　静　呼伦贝尔职业技术学院讲师、团委青工文体部副部长，荣获“理响新征程”2022年内蒙古自治区理论宣讲大赛二等奖、最佳人气奖。

我是李静，是在内蒙古工作生活的一个山东姑娘。来到这里的 5 年来，我最大的感受就是“家在绿水青山间”，因为呼伦贝尔草原绿野如毡，呼伦湖烟波浩渺，兴安林海云雾苍茫，这里是我们人类和野生动物诗意栖居、和谐共处的生态家园。

党的十八大以来，习近平总书记着眼于满足人民日益增长的优美生态环境需要，形成了习近平生态文明思想，为新时代内蒙古生态文明建设提供了有力的思想武器。如今，一个个生动实践已在内蒙古这片广袤的土地上落地生根。

内蒙古大兴安岭（米平华　摄）

三趾鸥在呼伦湖上空翱翔（方苏星 摄）

大家请看这只憨态可掬的小鸟，不知您是否见过？它是生活在山东等沿海地区的珍稀鸟类“三趾鸥”，我们的相遇不是在山东、不是在沿海，而是在北方第一大湖——呼伦湖。那么，究竟是什么让我们在这里相遇呢？正是生态移民、禁牧休牧等59项生态治理项目让呼伦湖成了野生动物的天堂，这只三趾鸥就是刷新了呼伦湖物种数量历史纪录的第342种野生鸟类。

而这背后有无数人的辛苦付出，呼伦湖的科研人员窦华山博士就是其中一位，20岁时他带着守护青山绿水的梦想扎根呼伦贝尔，与湖水为伴，和动物为友，风餐露宿、夜以继日地一干就是30年……常年在野外科考的他看起来比实际年龄更为沧桑，为保护生物多样性两次掉进断裂的冰层、多次荒野寻狼……这些经历更是让我肃然起敬。正是无数像窦华山这样的人默默奉献，才有如今的呼伦湖一湖碧水清、万千鱼鸟乐，才有了水质指标总体向好、野生动植物种类稳步增加，这就是习近平生态文明思想在祖国北疆的生动实践。

下面，让我们沿着三趾鸥的南迁路线走进大兴安岭林区。

2018 年夏天，我爬上海拔 1600 米的大黑山，走访了这位在山顶上坚守了 35 年的瞭望员郑洪山，当极度疲惫的我握住他的手时，瞬间被震撼到了，因常年被低温和潮湿侵蚀，这双手骨节粗大，皮肤干裂，握不成拳。常年没水没电，陪伴他的只有一台破旧的收音机和无边的寂寞。就在这环境险恶、与世隔绝的山顶上，他用锐利的双眼时刻守望着这片林海，发现并及时报告火情 50 多起。支撑郑洪山在艰苦环境下坚守岗位的最大动力是来自老一辈务林人榜样的力量，他的父亲是大兴安岭的第一代伐木工，在国家急需木材的关键时期，爬冰卧雪、艰苦奋斗，有力地支援了国家建设。如今，令郑洪山欣慰的是，他的儿子也加入了护林人的行列，成为一名森林消防员。

郑洪山在瞭望塔瞭望（何康红　摄）

纵使时代变迁，他们守护大兴安岭的信念却从未改变，从砍树人到看树人，一代代务林人献了青春献终身，献了终身献子孙，平凡的他们手中握住的正是林区沉甸甸的责任与未来！自天保工程实施以来，在一代代务林人的共同努力下，大兴安岭从曾经“油锯一响，黄金万两”到现在“不砍一棵树，照样能致富”，如今已经形成林下经济、特色种植养殖等绿色产业体系。经权威测算，森林湿地系统每年生态服务价值6160亿元，将为国家“双碳”目标贡献重要力量。这就是对习近平生态文明思想中“绿水青山就是金山银山”的绿色发展观的生动实践。

绿色是内蒙古的底色和价值，生态是内蒙古的责任和潜力。党的十八大以来，全区上下读懂了绿水青山的分量，在生态文明建设“全国一盘棋”中，落子如飞、步履坚定地走上了生态优先、绿色发展的高质量发展新路子。从理念到行动、从制度到实践，内蒙古从未停下脚步，全区林业建设、草原建设和沙化土地治理面积均居全国第一。

我很骄傲，无数内蒙古人民在山水间挥毫泼墨所交出的绿色答卷里，也有我的身影。作为一名高校教师，我连续5年累计带领1000多名学生开展环保宣传、搭建野生动物救助站、保护母亲河等生态文明实践，为筑牢祖国北方生态安全屏障贡献着自己的微薄力量。

漫漫生态路，壮哉中国梦。习近平生态文明思想引领美丽中国建设。无论是绿树成荫的塞罕坝，抗风御浪的红树林，还是万物共生的库布其沙漠……一个个生态治理的人间奇迹就是全国人民对习近平生态文明思想的生动实践。

生态文明建设功在当代、利在千秋，只有久久为功，方能将山河妆成锦绣，把国土绘成丹青。让我们心怀“国之大者”、勇于担当作为，在逐梦青山绿水的道路上继续铿锵迈进，绘就美丽中国新画卷。

呼伦贝尔市新巴尔虎左旗罕达盖杜拉尔农牧场油菜花海（全东旭　摄）

点评

宣讲用第一人称的视角，以“三趾鸥”为题眼描绘了呼伦湖的生态奇迹，层层递进，娓娓道来，给人以身临其境之感，通俗准确地阐释了习近平生态文明思想的深刻内涵。

扫码看视频

植根草原　绿染北疆

◎吴　琼

个人小传

吴　琼　内蒙古农业大学草原与资源环境学院团委副书记，荣获“理响新征程”2022年内蒙古自治区理论宣讲大赛一等奖。

我是内蒙古农业大学草原与资源环境学院的一名辅导员。在工作中，我的学生经常会和我探讨这样的问题："老师，到底怎样的发展才算'生态优先、绿色发展'？咱草业科学专业的大学生又能为内蒙古的绿色发展做些什么呢？"

党的十八大以来，在习近平生态文明思想的引领下，内蒙古坚定不移走生态优先、绿色发展之路，进行了生动实践、取得了巨大成就。今天，我就和大家聊 3 个与"草"有关的故事，从中感受"生态优先、绿色发展"的深刻含义。

第一个故事发生在锡林郭勒盟。牧区在实行草场承包责任制后，一个不可避免的矛盾出现了，牧民们想要增加收入，就一个劲儿地增加牲畜头数，可过度放牧必然会加速草原退化，严重影响生态环境。时任嘎查书记的廷·巴特尔意识到："不能再这样无节制地放牧了，要让草原得到休息！"此时，正赶上盟委实施

"七一勋章"获得者廷·巴特尔（呼努苏图　摄）

“围封禁牧、集约经营”的战略，廷·巴特尔率先垂范，他卖掉了自家的 60 只羊，圈起 300 亩草场进行封育，没想到第二年竟打了 9 车马草，相当于其他牧民 1000 亩草场的打草量。他还首创了“蹄腿理论”，通过“减羊增牛”来优化养殖结构，实现草畜平衡。在廷·巴特尔的带领下，牧民们转变了思想认识、改变了养殖方式，走出了一条草原增绿与牧民增收的双赢之路。

“人不负青山，青山定不负人。”实践证明：牧民经济效益的最大化并不是依靠扩大规模实现的，而是存在着一条“生态好、产业兴、牧民富”的高质量发展新路子。党的十八大以来，内蒙古把保护草原作为全区生态系统保护的首要任务，全面落实基本草原保护制度、草畜平衡制度和禁牧休牧制度。现在，全区每年有 4.04 亿亩草原通过禁牧得以休养生息，6.16 亿亩草原通过草畜平衡得以合理利用，140 多万户农牧民从中受益。

这个故事深刻揭示了生态环境保护与经济发展的辩证统一关系：发展经济不能对资源和生态环境竭泽而渔，生态环境保护也不是舍弃经济发展而缘木求鱼，二者可以协同共进、互促共赢。因此，我们要实现的“生态优先、绿色发展”首先是“人与自然和谐共生”的可持续发展。

第二个故事，我要从一颗“草种”说起。大家现在看到的这些，是苜蓿的种子，虽然它们看起来很不起眼，但却对我们每一个人的生活都有着非常重要的影响。因为，这些草种直接关系到咱老

云锦凤教授正在指导学生（吴琼　摄）

百姓的“餐桌”。近年来，随着生活水平的提高，人们对于高品质牛羊肉和奶类产品的需求日益增长，然而，我国畜牧业的高质量发展却受到优质饲草供给不足的制约。

为了改变过度依赖进口草种的局面，解决种业安全的“卡脖子”难题，我院的云锦凤教授几十年如一日深耕牧草育种领域。她跑遍了世界各地的草原及荒漠区，收集耐寒抗旱的牧草种质资源共计 1199 份，先后培育出 10 个牧草新品种，这些草种为沙漠化防治、矿山修复和奶业振兴提供了坚实的基础。2018 年，已经 78 岁高龄的云教授还亲自指导学生进行社会实践和技术创新，将“立草为业、小草大业”的理想信念传承给新一代的草业人。她说：“我一生最大的愿望就是希望人们把‘小草’看得重些再重些，爱护牧草，发展草业，这关系着国家生态安全和人民健康福祉，‘小草’其实一点儿都不小！”

从“一棵草到一杯奶”，从筹建国家草种业技术创新中心到打造世界瞩目的“乳业硅谷”，内蒙古持续以创新驱动引领产业升级，不断提升绿色优质农畜产品的供给水平，让科技创新成为绿色发展的不竭动力。因此，我们要实现的“生态优先、绿色发展”是“以科技创新为引领”的高质量发展。

第三个关于“小草”的故事，就发生在我们每一个人身边。最近，呼和浩特市有一所公园火了，我想你已经猜到了——没错，就是“小草公园”！“小草公园”正式开园的时候恰逢六一儿童节，我对女儿说，这个公园是送给所有小朋友的一份儿童节礼物，她兴奋地说：“我太喜欢这个礼物了！”何止是孩子，谁会不喜欢这份“天蓝水净、绿意盎然”的生态大礼呢！

呼和浩特市小草公园（来源：青橙融媒）

从大青山自然保护区到“城中草原”敕勒川，呼和浩特市的绿色越来越多了——这是咱老百姓特别真切的体会。仅 2021 年，呼和浩特市就把 186 个“口袋公园”建到了市民的家门口，真正兑现了“推窗见绿、出门入园”的承诺。

良好的生态环境是最公平的公共产品，是最普惠的民生福祉。我们要实现的“生态优先、绿色发展”归根结底是“以人民为中心”的发展。人民对美好生活的向往，就是我们的奋斗目标！

人人共建绿色、人人共享绿色。“生态优先、绿色发展”其实离我们一点儿都不遥远，筑牢我国北方重要生态安全屏障，我们每个人都是绿色长城的“守护者”；学好专业知识、练就过硬本领，用科技助力高质量发展，我们每个人都是绿色产业的“创造者”；低碳出行、节约资源，让保护环境成为最流行的风尚，我们每个人也都是绿色生活的“践行者”。

让我们牢记习近平总书记的殷殷嘱托，守好这方碧绿、这片蔚蓝、这份纯净，坚定不移走生态优先、绿色发展之路，努力打造青山常在、绿水长流、空气常新的美丽中国！

点评

宣讲通过讲述3个与“草”有关的故事，从“人与自然和谐共生”的可持续发展、“以科技创新为引领”的高质量发展和“以人民为中心”的发展理念3个方面阐释了“生态优先、绿色发展”的内在含义，充分展示了内蒙古践行“生态优先、绿色发展”之路的生动实践和取得的巨大成就。

扫码看视频

牢记嘱托、勇担使命，筑牢祖国北方重要生态安全屏障

◎ 李　静

个人小传

李　静　呼伦贝尔职业技术学院讲师、团委青工文体部副部长，荣获“理响新征程”2022 年内蒙古自治区理论宣讲大赛二等奖、最佳人气奖。

库布其沙漠锁边林（来源：内蒙古自治区展览馆）

作为一名工作生活在内蒙古的山东姑娘，如果您问我在内蒙古生活的感受，我会用一句话来形容，那就是“家在绿水青山间”。因为呼伦贝尔草原绿野如毡，呼伦湖烟波浩渺，兴安林海云雾苍茫，这是内蒙古的专属浪漫，更是全区各族人民在山水间挥毫泼墨，交出的一份“绿色答卷”。

党的十八大以来，以习近平同志为核心的党中央将生态文明建设纳入“五位一体”总体布局，指明了生态文明之路。习近平总书记连续5年参加十三届全国人大历次会议内蒙古代表团审议，每年必谈生态，他嘱托内蒙古“筑牢祖国北方重要的生态安全屏障，守好这方碧绿、这片蔚蓝、这份纯净”，情深意切地为我们内蒙古新时代发展指明了方向。

内蒙古把防沙治沙与发展地方经济紧密结合，探索出多种类型的产业化防治模式。大家现在看到的这幅画面是 30 年前的库布其沙漠，这里曾经风沙肆虐，寸草不生，被称为“死亡之海”。经过数十年不懈努力，库布其在生态治沙中寻求产业发展，在发展产业中增强保护力量，如今种植业、养殖业、制造业、旅游业、光伏发电遍地开花，为世界荒漠化治理提供了中国方案。

这里是大兴安岭林区，我所生活的城市有一名叫于海俊的共产党员，他 23 岁来到这里，他说他的人生追求是让青山常绿、家园更美，带着这个梦想，他在最美的青春年华扎根边疆，在深山老林一干就是 32 年。大家都知道，呼伦贝尔的冬天泼水成冰、寒冷沁人，于海俊却在寒冬时节深入原始林区，喝冰水、吃冻白

“全国优秀共产党员”称号获得者于海俊（来源：内蒙古森工集团）

菜，坚持工作了40天，只为交出一份高质量的调研报告。他曾经和战友11次与山火冲锋对决，每一次都身先士卒。2019年，山火突发，本不需上一线的他却义无反顾地奔赴火场，没承想，他被一根烧焦的树干砸中后背，再也没有醒来……殉职前一天，他还在学习报告中写道“以等不得、睡不着的紧迫意识，筑牢祖国北方重要生态安全屏障”。说到这儿，大家可能以为他只是一名普通的护林员，但你不知道的是，他可是林业系统的知名专家，不仅推动了大兴安岭林区的绿色发展改革，还曾参与编制多项国家级林业行业标准。

前有榜样，后有来者。作为一名高校教师，我连续5年带领学生开展环保宣传、搭建野生动物救助站、保护母亲河等生态文明实践。

也正是因为内蒙古有无数干部群众心怀国之大者，奋战在生态文明建设第一线，才有了如今的内蒙古“一湖两海”碧波荡漾，屏障基地量质齐升，全区87%的面积已经被划入限制开发区域，全区林业建设、草原建设和沙化土地治理面积均居全国第一。一幅亮丽的绿色画卷正在祖国北疆绵延展开。

生态文明建设功在当代、利在千秋，只有久久为功，方能将山河妆成锦绣，把国土绘成丹青。让我们牢记嘱托，在逐梦青山绿水的道路上继续铿锵迈进、不断前行，进一步筑牢祖国北方重要生态安全屏障。

点评

宣讲从库布其沙漠治理和“兴安之子”于海俊的典型事迹着手，以小见大，深入浅出，层层递进，理论联系实践，有理有据地阐明筑牢祖国北方重要生态安全屏障的意义。

扫码看视频

涵养绿色，久久为功

◎ 侯伟玮

个人小传

侯伟玮　内蒙古农业大学沙漠治理学院团委副书记，荣获“理响新征程”2022 年内蒙古自治区理论宣讲大赛优秀奖。

鄂尔多斯市乌审旗乌审召植树活动（德勒嘿　摄）

习近平总书记在 2021 年参加十三届全国人大四次会议内蒙古代表团审议时指出："统筹山水林田湖草沙系统治理，这里要加一个'沙'字。"今年，这个"沙"字正式与"山水林田湖草"一起写入政府工作报告。

看到这则消息，我们学院的老师和同学们倍感欣慰和鼓舞。作为全国唯一一个以沙漠治理命名的学院，做好沙漠化土地的生态治理与修复，是老师们毕生的追求。一望无际的沙漠中，总少不了那些与风沙斗争的科研工作者和治沙人。他们总说，治沙不在一朝一夕，而在于代代传承。

20 世纪 80 年代，甘肃省八步沙林场"六老汉"承担起沙区种树的任务，为了保护树苗，他们在沙子里就地支起个茅草屋就生活了起来，一干就是38年。

同样“三代人，一辈子，只干一件事”的，还有陕西榆林的石光银一家，他带着儿子、孙子三代人治沙，践行“只要一天不死，就要种一天树，治一天沙”的誓言。

被称为“治沙女王”的殷玉珍，在豆蔻年华带着几箱嫁妆嫁到毛乌素沙漠，为了改善后代的生存环境，她用30多年坚守将7万多亩沙地变为沃土。

这些治沙英雄被誉为当代愚公，他们苦干实干，坚韧不拔，在困难面前不低头，敢把沙漠变绿洲，就是他们用青春和血汗筑起了祖国北疆的“绿色长城”，向党和人民献上一份生态厚礼。

在治沙英雄的激励下，我身边的青年学生们以苦为乐，不畏困难，用青春践行着“绿水青山就是金山银山”的发展理念。

很多人说，现在的年轻人吃不了苦，我不这样认为。

2021年夏天，我的学生到沙区实习。野外实习条件很艰苦，烈日炎炎，沙区夏天的气温能够达到40摄氏度。但他们从未抱怨过，而是脚踏实地地将所学与实践相结合。来到沙区，他们才真正感受到土地沙化对人类生活造成的危害，真正了解自己所学的专业是一项造福人类的工程。

博士研究生王瑞东10年求学路，让他成为治沙专业坚定的笃行者和生态环境保护的宣传者。他先后带领来自北京、湖南等地近 200 名中小学生赴库布其沙漠进行沙漠研学活动，他不断向孩子们普及荒漠化现状，呼吁更多的人关注“大地母亲”的健康。今年，他也成功留校，继续以一名大学老师的身份从事他热爱的生态事业。注重创新的他勇做时代弄潮儿，带领学生创新创业团队，在服务乡村振兴、助力生态建设的道路上稳步前行。

“沙”，是生态系统的一部分。统筹山水林田湖草沙系统治理，打造天更蓝、山更绿、水更清、环境更优美、人类更宜居的生态环境是习近平生态文明思想的重要内容，饱含着人民对美好生活的向往。

内蒙古农业大学学生在巴彦淖尔市磴口县实习（刘子坤　摄）

事业可兴旺，青年可担当。生态文明建设事业，功在当代，利在千秋，需一代代青年接续奋斗，久久为功！

点评

宣讲以“沙”为切入点，引出一个个治沙的故事，展现了治沙人为改善生态环境所作出的贡献和成效，以及他们久久为功的精神传承。

扫码看视频

牢记嘱托、勇担使命，在新的赶考路上交出合格答卷

◎ 安晓婷

个人小传

安晓婷 呼和浩特海关一级行政执法员，荣获“理响新征程”2022年内蒙古自治区理论宣讲大赛优秀奖。

习近平总书记参加十三届全国人大五次会议内蒙古代表团审议时强调，希望内蒙古的同志坚决贯彻党中央决策部署，统筹抓好疫情防控和经济社会发展各项工作，坚定不移走以生态优先、绿色发展为导向的高质量发展新路子，切实履行维护国家生态安全、能源安全、粮食安全、产业安全的重大政治责任。内蒙古自治区第十一次党代会中提出：走好这条新路子，是习近平总书记和党中央对新时代内蒙古发展提出的殷切期望，是重大的政治要求，丝毫不能含糊。

总书记的嘱托殷殷在耳，自治区党委的行动雷厉风行。区直机关作为自治区贯彻落实中央决策部署的“最先一公里”，要以“赶考”的精神、奋斗的姿态，“赶”出加速度、“考”出好成绩，高分答好新时代新考卷。

答好“旗帜鲜明讲政治”这张卷，永葆政治机关鲜明本色

2019年7月，习近平总书记在中央和国家机关党的建设工作会议上强调：“带头做到‘两个维护’，从根本上讲就是要做到对党忠诚。”自治区第十一次党代会指出，做好内蒙古的工作，办好内蒙古的事情，最根本的一条，就是要始终自觉向党中央对标看齐，始终坚决做到“两个维护”。区直机关全面深化政治机关意识教育，

不断强化政治机关属性和基层党组织政治功能，引导广大党员始终牢记“国之大者”、牢牢把握“国之大计”，不断提高政治站位，保持战略定力，增强走新路子的政治自觉性和现实紧迫感。坚持党的领导，做到“两个维护”，就是对党忠诚的具体体现。

答好“全心全意为人民”这张卷，永葆以人民为中心的真挚情怀

江山就是人民，人民就是江山。人民是我们党执政的最大底气。以百姓心为心，与人民同呼吸、共命运、心连心，是党的初心，也是党的恒心。

锡林郭勒盟多伦县昌锦农业发展有限公司是一家种苗生产企业，在接到紧急出口订单后，一条两级海关联动的“紧急注册登记绿色通道”迅速开启，仅 3 个工作日就发放证书。截至目前，该公司樟子松苗出口已达 10 余万株。在正镶白旗的敖伦淖尔嘎查，海关动物检疫专家手把手教牧民冷配技术，让肉牛养殖“牛”起来，实现牧民增收致富。用脚步丈量绿色北疆，用真心办好群众的事，呼和浩特海关走进企业、走进群众的锡林郭勒之行，是区直机关“我为群众办实事”的一个缩影，是践行全心全意为人民服务宗旨的具体举措。党的血脉和根基在人民，只有满怀对人民群众的深厚感情，才能激发做好工作的巨大动力。

答好“发扬过硬好作风”这张卷，永葆共产党员的奉献担当

习近平总书记强调，要统筹抓好疫情防控和经济社会发展，落实好常态化疫情防控各项举措，完善常态化防控和突发疫情应急处置机制，突出口岸地区疫情防控这个重点，守住不出现疫情规模性反弹的底线。

2022 年初疫情袭来时，区直机关 6000 多名党员干部、2.4 万人次深入包联社区开展志愿服务，决胜“首府保卫战”。在呼和浩特白塔机场有一支海关队伍，坚守国门抗疫一线 800 多天，他们因地制宜精准施策，创造了 6 项全国海关第一，让鲜红的党旗始终在疫情防控阵地上高高飘扬。正是因为共产党员的这种鲜明政治品格，让人民群众有了应对挑战、战胜困难的主心骨，让人民群众深切感受到“跟党走”才是赢得未来、赢得主动的最好选择。

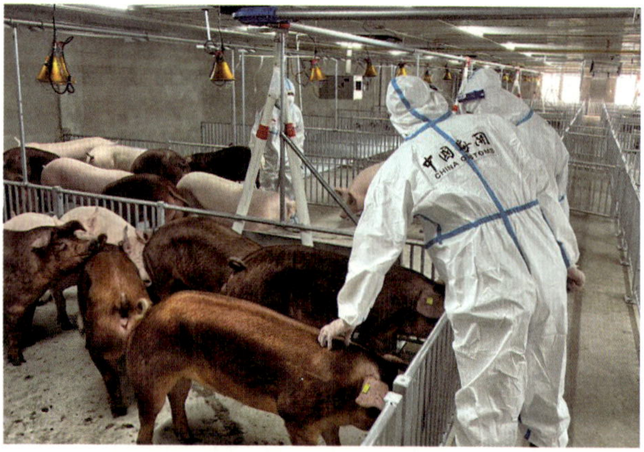

鄂尔多斯海关对进境种猪进行隔离检疫（来源：呼和浩特海关官网）

时代是出卷人，我们是答卷人，人民是阅卷人。区直机关将努力交出一份满意的答卷，奋力书写新时代的伟大荣光！

呼和浩特海关在白塔机场停机坪开展鼠类病媒生物监测工作（来源：呼和浩特海关官网）

点评

宣讲立足工作实际，构思精巧，创新梳理出“三张答卷”的结构脉络。内容既通俗易懂，又有理有据，论证严密、层层递进，彰显了内蒙古区直机关干部的使命、责任和担当。

扫码看视频

宣讲铸牢中华民族共同体意识的历史必然性、极端重要性、现实紧迫性和工作要求

培民族团结之根　铸民族和睦之魂

◎ 乌日娜

个人小传

乌日娜　巴彦淖尔市杭锦后旗政府办科员，荣获“理响新征程”2022年内蒙古自治区理论宣讲大赛优秀奖。

62年前，3000多名“国家的孩子”与“草原母亲”用大爱无疆诠释了一段超越血缘、地域和民族的历史佳话。今天的内蒙古乌拉特草原上，“周末妈妈”传承着这份大爱，续写着民族团结的佳话。

为有效解决农牧区留守流动儿童因长期寄宿而产生的家庭教育、亲情关爱和有效监护缺位等问题，2011年巴彦淖尔市乌拉特后旗启动了“周末妈妈”爱心公益行动。志愿者与孩子通过双向自主选择结成亲情对子。在周末，“妈妈”们将回不了家的孩子接回自己家中，给予关怀照顾，使孩子们在周末也能够感受到家的温暖。

照片中这对“母子”是汉族妈妈贾霞和她的蒙古族孩子巴都日拉。贾霞在与孩子结对后，每周末都会把巴都日拉接回家中，为他洗衣洗澡、辅导学习、陪他玩耍。不仅如此，贾霞的父母、弟妹等全家10口人也共同关心呵护

“周末妈妈”贾霞和她的结对孩子巴都日拉欣赏绘画（班海飞　摄）

“周末妈妈”与结对的孩子们开展周末家庭亲子活动（刘冠俊 摄）

着这个蒙古族小男孩。就连巴都日拉的小伙伴们都知道他的“周末妈妈”，每当贾霞来学校接他时，还没等走进宿舍，舍友们就高喊着：“巴都日拉，你的‘周末妈妈’来了！”最让贾霞感动的是在巴都日拉 12 岁生日时，这个一向害羞的男孩抱着她的胳膊，在她耳边轻轻地叫了一声“妈妈”，这声“妈妈”瞬间让这对“母子”相拥而泣。10 年的陪伴啊，这个当时刚过贾霞肩头高的小男孩，如今已长成了 1.8 米多的小伙子，并以优异的成绩考入了内蒙古大学，成为一个开朗、自信的优秀青年。

像贾霞一样的“周末妈妈”在巴彦淖尔市还有很多。仅在乌拉特后旗，这样的结对家庭就有 151 对，其中汉族、蒙古族、回族结对的民族家庭就有 78 对。

2013年以来，“周末妈妈”巾帼志愿服务项目先后获得全国“四个100”最美志愿服务项目、全区“德润草原·文明之行”学雷锋优秀志愿服务项目等荣誉。

“周末妈妈”如同一道道暖阳，温暖着孩子们的心，也为无数留守儿童家庭带去了生活的希望，她们身上折射着中华民族的传统美德，在内蒙古这片土地上谱写出了互融互通、互敬互爱、民族团结的和谐篇章。

内蒙古自治区作为我们党领导下成立的第一个省级少数民族自治区。自成立以来，创造了新中国民族工作史上众多第一和先进经验，书写了“三千孤儿入内蒙”“齐心协力建包钢”“最好牧场为航天”等民族团结佳话。

党的十八大以来，在党的民族政策的阳光照耀下，内蒙古自治区经济发展、民族团结、文化繁荣、边疆安宁、生态文明、人民生活等取得巨大成就，各族群众手牵手心连心、共同赢得并精心呵护着“模范自治区”的崇高荣誉。

2022年3月5日，习近平总书记在参加十三届全国人大五次会议内蒙古代表团审议时强调：“推进中华民族共有精神家园建设，促进各民族交往交流交融，各项工作都要往实里抓、往细里做，要有形、有感、有效。”

迈步新时代、奋进新征程，我们内蒙古各族干部一定牢记嘱托、不负众望，携手书写新时代内蒙古发展新篇章，续写新时代

“模范自治区”新辉煌。

点评

宣讲用小切口讲述了大故事，呈现了大视角。通过讲述乌拉特草原上“周末妈妈”与孩子们的平凡故事，折射出了拥有“模范自治区”崇高荣誉的内蒙古自治区，正以有形、有感、有效的方式推进中华民族共有精神家园建设。

扫码看视频

中华民族一家亲　同心共筑中国梦

◎吴　琼

个人小传

吴　琼　内蒙古农业大学草原与资源环境学院团委副书记，荣获“理响新征程”2022年内蒙古自治区理论宣讲大赛一等奖。

我这里有一张夏民山家的全家福。精致的回族绣花帽、华丽的蒙古袍、庄重的鄂温克服装……夏家的 40 多口人每年都会照这样一张全家福。夏民山是回族人，60 年前，他的父母从山东来到呼伦贝尔大草原，开启了夏家多民族不断融合的序幕。

在内蒙古，平均每 8 个家庭中就有一个是多民族混合家庭，我的家就是如此。在我们仅有 5 口人的小家庭中，就有着汉族、蒙古族、满族 3 个民族。家里的餐桌上，经常有各民族的特色美食，我的女儿还会跳起民族舞，其乐融融、幸福满满。

这一个个和谐美满的多民族小家庭，犹如内蒙古民族团结的生动缩影，凝聚成了休戚与共、荣辱与共、生死与共、命运与共的中华民族大家庭，共同书写了“中华民族一家亲，同心共筑中国梦”的昨天、今天和明天。

昨天，中华民族的历史是一家人一起创造的

2019 年 9 月，习近平总书记在全国民族团结进步表彰大会上指出，一部中国史，就是一部各民族交融汇聚成多元一体中华民族的历史，就是各民族共同缔造、发展、巩固统一的伟大祖国的历史。

我国是统一的多民族国家，中华民族多元一体是显著特征。数千年来，留下了昭君出塞、文成公主进藏、瓦氏夫人抗倭、土

尔扈特万里东归的历史佳话。近代以后，面对空前危机，各族人民共御外侮、同赴国难，共同书写了中华民族艰苦卓绝、气壮山河的伟大史诗。其中，就涌现出一大批少数民族的卫国英烈、抗日英雄和开国将领，他们为民族独立和人民解放作出了不可磨灭的贡献。

今天，来之不易的好日子是一家人一起奋斗的

2021年3月，习近平总书记在参加十三届全国人大四次会议内蒙古代表团审议时，提到了“齐心协力建包钢”和“三千孤儿入内蒙”的故事。20世纪50年代，内蒙古包钢在大规模建设中遇到设备和建材供应不足的难题，当时全国上下积极行动，掀起了一场支援包钢的热潮。20世纪60年代初，上海、江苏等地的3000多名孤儿因为食品短缺营养不良，内蒙古的“草原母亲”敞开温暖的怀抱，将这些“国家的孩子”抚养长大。这两个故事，不正是

呼和浩特市玉泉区清泉街社区党员干部在学习“人民楷模”都贵玛的先进事迹（丁根厚　摄）

中华民族大家庭守望相助的生动写照吗?

“中华民族是一个大家庭，一家人都要过上好日子。”为了这个目标，习近平总书记一次次到民族地区调研，一次次与各族群众面对面交流。在雪域高原、天山南北、祖国北疆和西南边陲，都留下了总书记坚实的足迹和深深的牵挂。如今，在各族干部群众的共同团结奋斗下，共同繁荣发展的“好日子”正在变为现实。

中秋佳节共欢庆，民族团结话真情（丁根厚　摄）

明天，中华民族伟大复兴的中国梦需要一家人一起实现

2021 年 6 月，习近平总书记在青海考察时强调，在中华民族大家庭中，大家只有像石榴籽一样紧紧抱在一起，手足相亲、守望相助，才能实现民族复兴的伟大梦想，民族团结进步之花才能长盛不衰。

在谈到民族团结时，习近平总书记多次使用“石榴籽”这一比喻，形象地凸显出中华民族共同体的深刻含义。历史和现实充分表明，中华民族共同体意识是国家统一之基、民族团结之本、精神力量之魂。

中华民族一家亲，同心共筑中国梦。让我们牢记习近平总书记的殷殷嘱托，铸牢中华民族共同体意识，共同建设伟大祖国，共同创造美好生活！

点评

宣讲从一张多民族小家庭的全家福切入，结合生动的事例和翔实的数据，阐释了“中华民族一家亲，同心共筑中国梦”的昨天、今天和明天，以全家福的小切口表现了“中华民族一家亲”的大主题。

扫码看视频

正确把握四个关系，做好党的民族工作

◎ 雷兆基

个人小传

雷兆基 阿拉善盟委党校统战理论与社会文化教研室教师，荣获“理响新征程”2022 年内蒙古自治区理论宣讲大赛优秀奖。

第一，共同性和差异性的关系

数千年来，我国各民族在中华大地上耕樵渔猎，繁衍生息，不间断地交往交流交融，最终形成了今天中华民族多元一体格局。

我们要深刻认识和把握共同性和差异性的辩证统一。增进共同性，尊重和包容差异性，推动中华民族成为认同度更高、凝聚力更强的命运共同体。

赤峰市松山区临潢家园社区民族融合小课桌（内蒙古日报社记者　魏那　摄）

第二，中华民族共同体意识和各民族意识的关系

本民族意识要服从和服务于中华民族共同体意识。抗日战争

呼和浩特市玉泉区南柴火市街小学开展“师生同欢唱　颂歌献给党”主题活动（丁根厚　摄）

时期，在“中华民族到了最危险的时候”，各民族群众或奔赴前线，或捐资捐物，团结一心，众志成城，在党的领导下，最终取得了抗战胜利。铸牢中华民族共同体意识，就是要引导各族人民牢固树立休戚与共、荣辱与共、生死与共、命运与共的共同体理念。

我们要深刻认识和把握中华民族共同体整体利益与各民族具体利益具有一致性。国家兴旺则民族兴旺，民族团结则国家和谐。在中华民族大家庭中，56 个民族要像石榴籽一样紧紧抱在一起，共同团结奋斗，共同繁荣发展。

第三，中华文化和各民族文化的关系

一方面，各民族优秀传统文化都是中华文化的组成部分。中

民族团结小课堂（丁根厚　摄）

华文化是各民族文化的集大成。各民族都对中华文化的形成和发展作出了重要贡献。各民族在文化上要相互尊重、相互欣赏，相互学习、相互借鉴。

另一方面，中华文化与各民族文化是“主干”与“枝叶”的关系。繁荣和发展各民族文化，要在增强对中华文化认同的基础上来推进，正所谓“根深干壮才能枝繁叶茂”。

第四，物质和精神的关系

发展是解决民族地区各种问题的总钥匙。在全面建设社会主义现代化进程中，要加快少数民族和民族地区的发展，让改革发展成果更多更公平惠及各族人民，不断增强各族人民的获得感、幸福感、安全感。

我们要赋予所有改革发展以彰显中华民族共同体意识的意义。从西部大开发到富民兴边，从脱贫攻坚到乡村振兴，党一直把各民族的发展问题放在心上。习近平总书记强调，“脱贫、全面小康、现代化，一个民族都不能少”。我们要看到，少数民族地区的发展受到了全国上下的支持和帮助，发展是有温度的行动。正是这份温度，让 56 个民族紧紧相拥，共同铸牢中华民族共同体意识。

点评

宣讲从如何正确把握“四个关系”的角度出发，善用比喻、比拟，将复杂的理论形象化地展示出来，让人耳目一新。

扫码看视频

我用您赋予我的全部生命想念您

◎ 敖敦图雅

个人小传

敖敦图雅 通辽市委宣传部新闻科科员，荣获“理响新征程”2022年内蒙古自治区理论宣讲大赛三等奖。

习近平总书记曾讲过“三千孤儿入内蒙”这一段历史佳话。

我今天的宣讲就源于当年被送到通辽市养育的三千孤儿之一的李春兰写给她过世养父的一封信。

当年，李春兰等 60 名孤儿来到通辽，养父母来领养孩子时，3 岁的李春兰在保育员的引导下，脆生生地叫了一声：“妈妈！”

养父母停住离开的脚步，转过身看到瘦小的春兰满怀期待的眼神时，瞬间泪奔。春兰的养母跑过去，紧紧地抱住了小春兰，流着泪说道：“孩子，我就要你，我来当你的妈妈！”

一声妈妈，触动了养父养母内心最柔软的地方。这是人间最动听、最令人心疼的呼唤。这一声呼唤，唤醒了他们天性里的父爱母爱，从此父爱如山，母爱如水。小春兰的泪水和养母的泪水流到一起，从此血泪相融，血脉相连。

一个春天的童话就这样开始了，3 口之家充满了欢声笑语。走路时，小春兰骑在爸爸的脖子上。睡觉时，小春兰躺在妈妈的怀抱里。吃饭时，父母倾尽所有，在那个人人都在饿肚子的年代，天天、顿顿，是天天顿顿给小春兰做好吃的。小春兰从此告别了饥饿、疾病和瘦弱，像春

李春兰（中间）与养父母合影（李春兰　供图）

天的兰花一样幸福地绽放着。

春兰说，其实父母也有两个担心：一是担心她饿。在她上小学时，妈妈就学做大饼干，每天让她带到学校吃。于是，白白胖胖的李春兰在学校有了个外号——大饼干。二是怕她受委屈。在她上小学时，有一天，她的同学说她是捡来的孩子，没有妈妈。她号啕大哭，伤心地跑回家问妈妈。一向温和的母亲拉起女儿的小手发疯似地跑到学校，像个老虎一样对着全班同学咆哮："我就是李春兰的亲生母亲，你们谁不信，就来问我……"

直到李春兰17岁时，父母才小心翼翼地说："你是上海来的孩子，以后有机会的话，回去找找亲生父母吧……"春兰听完大哭："我就是你们的孩子，我哪儿也不去，我就要在草原上生活一辈子！"

春兰果然留在草原，成家、立业，像所有的女儿一样孝敬、照顾两位老人，为他们养老、送终。她说："我的生命是爸爸妈妈给的，他们在世的时候我爱他们，照顾他们。他们不在了，我要用自己的余生想念他们，感恩他们！"

三千孤儿来到草原，草原额吉用大爱践行了"接一个，活一个，壮一个"的承诺，抒写了一段民族团结、守望相助的共和国传奇。

翻阅历史，我们看到，中华民族历来就有各民族相濡以沫，同患难、共甘苦的光荣传统。战争年代，全国各族人民患难与共、共御外侵；建设时期，全国各地齐心协力建包钢；汶川、玉树地震，全国人民伸援手；疫情之下，一地有难，八方驰援……在一次次的灾难和考验面前，各族人民血流在了一起，汗淌在了一起，情融在了一起！

“人民楷模”国家荣誉称号获得者都贵玛（布赫 摄）

历史昭示我们，中华民族是一个命运共同体，让我们像石榴籽一样紧紧抱在一起，让民族团结之花常开长盛！

点 评

宣讲围绕“三千孤儿入内蒙”的感人故事，温情讲述了流淌着民族大爱的共和国往事，生动感人、真挚朴实，就像草原上的优美长调，流淌进每个人的心中。

扫码看视频

附：

“理响新征程”2022年内蒙古自治区理论宣讲大赛获奖名单

一等奖

吴　琼　　内蒙古农业大学草原与资源环境学院团委副书记（自治区党委教育工委选送）

二等奖

李　静　　呼伦贝尔职业技术学院团委青工文体部副部长（呼伦贝尔市委宣传部选送）

魏　嘉　　乌海市委党校教师（乌海市委宣传部选送）

三等奖

张　琳　　包头市委党校教师（包头市委宣传部选送）

敖敦图雅　通辽市委宣传部新闻科科员（通辽市委宣传部选送）

周　威　　呼和浩特职业学院教师（自治区总工会选送）

优胜奖

任福荣　　呼和浩特市委党校副教授（呼和浩特市委宣传部选送）

朱　宇　　鄂尔多斯职业学院教师（鄂尔多斯市委宣传部选送）

张　茹　　赤峰市委党校教师（赤峰市委宣传部选送）

郭永兴　　集宁师范学院教师（乌兰察布市委宣传部选送）

优秀奖

石雨良　　兴安盟委政策研究室科员（兴安盟委宣传部选送）

徐　晶　　锡林郭勒供电公司职员（锡林郭勒盟委宣传部选送）

乌日娜　　巴彦淖尔市杭锦后旗政府办科员（巴彦淖尔市委宣传部选送）

雷兆基　　阿拉善盟委党校教师（阿拉善盟委宣传部选送）

安晓婷　　呼和浩特海关一级行政执法员（自治区直属机关工委选送）

张珅荣　　内蒙古能源集团职员（自治区国资委党委选送）

侯伟玮　　内蒙古农业大学沙漠治理学院团委副书记（自治区团委选送）

蒋桂芝　　乌海市委讲师团副团长（自治区妇联选送）

最佳人气奖

张　琳　　包头市委党校教师（包头市委宣传部选送）

蒋桂芝　　乌海市委讲师团副团长（自治区妇联选送）

李　静　　呼伦贝尔职业技术学院团委青工文体部副部长（呼伦贝尔市委宣传部选送）

石雨良　　兴安盟委政策研究室科员（兴安盟委宣传部选送）

张　茹　　赤峰市委党校教师（赤峰市委宣传部选送）

优秀组织奖

包头市委宣传部

呼伦贝尔市委宣传部

通辽市委宣传部

乌海市委宣传部

自治区党委教育工委

自治区国资委党委

传递时代强音　激发奋进力量*

——“理响新征程”2022年内蒙古自治区理论宣讲大赛活动综述

◎记者　白　丹

从“坚持以人民为中心的发展思想是中国共产党的根本政治立场和价值理念”到“一份交给世界的绿色答卷”，从“以自信之名铸平视之底气”到“青春的模样，奋斗的身影”……8月21日晚，内蒙古广播电视台1400平方米演播大厅内灯光璀璨、掌声如潮，在“理响新征程”2022年内蒙古自治区理论宣讲大赛决赛现场，选手们一句句铿锵有力的理论宣言，一段段掷地有声的话语金句，赢得广泛好评和阵阵掌声。

为推动习近平新时代中国特色社会主义思想深入人心，激励全区干部群众在新时代新征程上担当作为、踔厉奋发，2022年4月，由自治区党委宣传部指导、自治区党委讲师团主办，内蒙古广播电视台、实践杂志社、“学习强国”内蒙古学习平台承办的

*《内蒙古日报》2022年8月25日。

“理响新征程”2022年内蒙古自治区理论宣讲大赛正式启动。大赛采取分层选拔、集中竞赛方式开展。全区12个盟市，自治区直属机关工委、教育工委、国资委党委、总工会、团委、妇联6个系统单位先后组织30余场内容丰富、形式多样的宣讲比赛，来自机关、高校、党校、企业等各条战线的近2000名理论宣讲员参赛。

4个多月，一场场理论宣讲如一粒粒“红色种子”，播撒在北疆大地，推动习近平新时代中国特色社会主义思想深入人心、深入基层，引导全区干部群众用新思想凝聚共识、坚定信心、增强斗志。

小故事讲活大道理

让党的创新理论更好地“飞入寻常百姓家”，首先要解决好“讲什么”的问题。此次理论宣讲大赛聚焦迎接宣传贯彻党的二十大这条主线，用小切口展示大主题、小故事讲述大道理，宣讲新时代党和人民奋进历程中形成的“五个必由之路”的宝贵经验，宣讲党的十八大以来党和国家事业取得的历史性成就、发生的历史性变革，宣讲全区各地牢记嘱托、奋力书写新时代内蒙古高质量发展新篇章的生动实践，宣讲铸牢中华民族共同体意识的历史必然性、极端重要性、现实紧迫性和工作要求。让听众在春风化雨中感悟理论宣讲的魅力，领悟党的创新理论的深刻内涵。

“在白山黑水间，杨靖宇将军傲骨挺立。面对敌人高官厚禄的诱惑和大规模残忍剿杀，将军拼死抵抗。壮烈殉国时，胃里只有树皮、棉絮和草根！”

“40 年前还是漫漫沙海的白二爷沙坝，而今是一片广阔的林海。和林格尔县干部群众在党的领导下以实干担当、艰苦奋斗书写着绿色传奇。”

“如今的马鞍山，山上绿树成荫、美景如画；山下农家院里，游客络绎不绝、热闹非凡。”

……

把理论“融入”英模故事、典型事例、生活实践，把党的创新理论与老百姓切身感受到的巨大变化联系起来，用通俗易懂的语言讲好新时代的中国故事、中国共产党的故事，展现故事背后的思想力量和精神力量，达到了春风化雨、润物无声的效果。

新青年展现新担当

青春孕育无限希望，青年创造美好明天。

在“80 后”“90 后”“00 后”眼中，理论已不是沉闷的“大道理”，宣讲也不是枯燥的“走过场”，新的理论宣讲方式正被重新定义，青年人已成为理论学习、理论宣讲的主力军。

此次宣讲大赛为青年宣讲员提供了一个“讲”的擂台、“学”

的平台、“展”的舞台。参赛选手来自全区各行各业，其中“80后”“90后”青年理论宣讲员占比高达90%，晋级决赛的选手平均年龄只有34岁。他们心中有梦、以梦为马，眼里有光、志存高远；他们用青春的声音，凝聚青年力量，展现青年担当。“青春的声音讲述信仰的故事”“青年讲给青年听”已成为北疆宣讲新时尚。

“参加理论宣讲大赛，一方面精进和增长了我的理论水平，另一方面也提升了我的实践能力，让我能够用更创新的形式把理论传播给大众。”包头市选手张琳说。通过比赛，让越来越多的青年成为新思想的“忠实粉丝”，成为党的创新理论的“优秀讲师”。

一场场激烈的比拼扣人心弦，一次次深情的讲解直抵人心，展示了自治区青年理论宣讲工作者对新时代党的创新理论真学真懂真信真用的责任与担当。心至而情愫动，情动而共识生，这样的宣讲必定是以“最大公约数”团结人、教育人、鼓舞人的有效手段，这样的队伍必定是让新时代党的创新理论“飞入寻常百姓家”的桥梁纽带。

广泛宣讲凝聚共识激发动力

线上线下相结合，网上网下齐发力，高举新时代思想旗帜，反映新时代伟大变革，展现新现代精神气象。

赛场上选手们或娓娓道来，或慷慨激昂，用详尽准确的数据，用鲜活感人的事例，深情抒发爱党爱国情怀，满怀自豪礼赞伟大时代，满怀热忱讴歌伟大人民，满怀自信讲述精彩故事，生动展现了习近平新时代中国特色社会主义思想的真理力量、精神力量、实践力量。注重发挥“报、台、网、微、端”联动优势扩大受众覆盖面，增强理论宣讲传播力、影响力。内蒙古广播电视台奔腾融媒、内蒙古日报社草原全媒等多平台全程全媒体报道，“学习强国”内蒙古学习平台首页置顶开设专题，决赛直播登上“学习强国”学习平台推荐页……各宣传平台综合运用微视频、H5、长图、海报等形式，制作推出“理论专家开讲啦”“宣讲员开讲啦”“主持人召集令”“决赛我们来了”“评委点评”等系列全媒体产品。开设最佳人气奖选手网上投票，大赛总浏览量达到了 1100 多万次。

从“面对面”到“屏对屏”，纵横交织的传播方式打通了理论宣讲的“最后一公里”，扩大了理论传播效能，进一步展示了内蒙古各条战线担当作为、诚实守信、热情直爽、有效率不拖拉、有章法守规矩的良好形象，激励全区广大干部群众以更加昂扬的斗志奋进新征程、建功新时代，以优异成绩迎接党的二十大胜利召开。